中曽根康弘の霊言

哲人政治家からのメッセージ

大川隆法
Ryuho Okawa

本霊言は、2019年11月30日、幸福の科学総合本部にて、
公開収録された（写真上・下）。

まえがき

百一歳で大往生《だいおうじょう》の哲人政治家。そして生涯現役の手本。そんな中曽根元総理の霊言を、帰天《きてん》の翌日に収録することになった。

とても明るくて、豪放な感じがして、死後一日の霊人とは思えなかった。

今の私からみても、百歳にして事務所に通って仕事をしていたと伝え聞くと、ため息まじりに「うらやましいな。」と思ってしまう。

現在進行形の日本政治にもたくさんの思いがおありになるだろう。なぜ私のもとにおいでになったのかと考えると、私が幸福実現党を通して実現しようとしていることも、中曽根さんがやりたかったことだと思い到る。

戦後政治を総決算して、日本が、真に独立、自立するには「哲学」が必要だ。そして世界のリーダーとなることだ。

二〇一九年　十二月六日

幸福《こうふく》の科学《かがく》グループ創始者兼総裁《そうししゃけんそうさい》

幸福実現党創立者兼総裁《こうふくじつげんとうそうりつしゃけんそうさい》

大川隆法《おおかわりゅうほう》

中曽根康弘の霊言　目次

中曽根康弘《なかそねやすひろ》の霊言《れいげん》

――哲人《てつじん》政治家からのメッセージ――

二〇一九年十一月三十日　収録
東京都・幸福の科学総合本部にて

2　亡くなったあとの様子　28

3　百一年の人生を振《ふ》り返る　35

4　「功績」と「負の遺産」を振り返る　45

5　「憲法改正の必要性」と「大統領制の意義」　66

11 「日本人への最後のお言葉」――令和日本への指針

「霊言現象《れいげんげんしょう》」とは、あの世の霊存在の言葉を語り下ろす現象のことをいう。これは高度な悟《さと》りを開いた者に特有のものであり、「霊媒現象《れいばいげんしょう》」（トランス状態になって意識を失い、霊が一方的にしゃべる現象）とは異なる。

なお、「霊言」は、あくまでも霊人《れいじん》の意見であり、幸福の科学グループとしての見解と矛盾《むじゅん》する内容を含《ふく》む場合がある点、付記しておきたい。

中曽根康弘《なかそねやすひろ》の霊言《れいげん》

――哲人《てつじん》政治家からのメッセージ――

二〇一九年十一月三十日　収録

東京都・幸福の科学総合本部にて

中曽根康弘《なかそねやすひろ》（一九一八〜二〇一九）

政治家。東京帝国《ていこく》大学法学部政治学科を卒業後、内務省や帝国海軍を経《へ》て、一九四七年、衆議院議員に初当選。自民党内では「三角大福中《さんかくだいふくちゅう》」の一角として影響《えいきょう》力《りょく》を増し、一九八二年、総理大臣に就任。三期五年にわたる長期政権では、レーガン米大統領との盟友関係を結ぶとともに、国鉄や電電公社、日本専売公社の民営化を実現。空前の好景気を築いた。戦後、議員として五十年以上在籍《ざいせき》した四人中の一人。数万冊の蔵書を持つ哲人《てつじん》政治家としても有名。

質問者　綾織次郎《あやおりじろう》（幸福の科学常務理事 兼《けん》 総合誌編集局長 兼「ザ・リバティ」編集長
兼 HSU〔ハッピー・サイエンス・ユニバーシティ〕講師）

加藤文康《かとうぶんこう》（HSUバイス・チェアマン 兼 未来創造・東京キャンパス担当）

大川裕太《おおかわゆうた》（幸福実現党東京強化部長）

［質問順。役職は収録時点のもの］

1　日本ピーク時の哲人《てつじん》政治家・中曽根《なかそね》元総理について

亡《な》くなった日のうちにお見えになっていた中曽根氏の霊《れい》

大川隆法　昨日《さくじつ》、中曽根康弘《なかそねやすひろ》元総理がお亡《な》くなりになったようで、テレビで報道されたり、今朝《けさ》の新聞の一面等に大きく載《の》ったりしていました。

私は、午前中は『●長谷川慶太郎《はせがわけいたろう》の霊言《れいげん》』の校正をしたり、まえがき・あとがきを書いたりしていたのですけれども、秘書のほうは用心して、例によって新聞の顔写真のところに付箋《ふせん》を貼《は》ってはいたものの、そんなことで防げるものではありません。やはり、一面記事になるなどして、ニュース等で大きく流れるような人の場合はしかたがないかなと思ってはい

●『長谷川慶太郎の霊言』……　長谷川慶太郎の死後3カ月後の霊言を『長谷川慶太郎の霊言』（幸福の科学出版刊）として書籍化した。

ました。

朝、長谷川慶太郎さんの原稿《げんこう》の校正をしている間にも、もう来ておられていたのです。すでに昨日《きのう》から来られていました。

このあと、毎日ずっとおられるというのも何かと失礼に当たるかと思いましたので、今回は三カ月目ではなくて、一日でお出《い》でになったということであります。編集部を悩《なや》ませることになるかとは思いますが、そちらは自由にお任せいたします。

百一歳《さい》で、今では珍《めず》しい老衰《ろうすい》で自然死なされたということなので、ある意味ではうらやましい、望月《もちづき》のような、満月のような人生であったのではないかと思います。仕事も成功され、一族も繁栄《はんえい》なされているようにお見受けいたします。

東大五月祭で講演したときの中曽根氏の印象

大川隆法　私が中曽根さんと最初にお会いしたのは、学生時代のことです。年次ははっきりとは覚えていないのですが、本郷《ほんごう》で行われる東大五月祭に来られました。

建物の中心に時計台がある安田《やすだ》講堂は、下のほうには教室があることはあるのですけれども、ここは卒業証書等を渡《わた》したりするところです。そこに中曽根さんをお招きしたことがあったのです。当時の肩書《かたがき》は少し前まで自民党幹事長だったころではないかと思うので、年齢《ねんれい》的には今の私よりやや若く、五十代の終わりから六十歳前後だったのではないでしょうか。

間近で拝見し、話を聴《き》かせていただいたときに感じたのは、顔の周りにうっすらと後光《ごこう》が差しているような感じというか、顔の周りが明るく輝《かがや》いているように見えたことで、それは不思議な感覚として残っています。総理になる前の人として、上昇《じょうしょう》気流のなかにいる人という感じでしょうか。あるいは、もう一段上がっていく前の人という感じでしょうか。とても若やいで見えました。ですから、年齢よりも少し若いぐらいの感じでした。

ただ、今から思えば、もしかすると、舞台映《ぶたいば》えする薄化粧《うすげしょう》をなさっていた可能性もあるのですけれども（笑）、そこまではちょっと分かりませんでした。取材等も入っていたと思われ、カメラ映りも気にされていたのかもしれません。それは、学生の身としては分からなかったのですが、周りにテカッとした輝きがあるような感じを受けたのを覚えています。

話の内容についてはよくは思い出せませんが、幹事長等をして伸《の》してきている感じは非常に伝わってきました。

早いうちから小派閥《しょうはばつ》を率いてやっていたのですけれども、「風見鶏《かざみどり》」と言われたり、あるいは、青嵐会《せいらんかい》という非常に右翼《うよく》的なほうに偏《かたよ》っていたりして、自民党のなかではどちらかといえば傍流《ぼうりゅう》が長く、本流のほうではありませんでした。幹事長になる前ぐらいまでは、首相になることはないのかなと思われるような感じだったでしょうか。田中角栄《たなかかくえい》さんとは同《おな》い年《どし》なのですが、角栄さんのほうが十年も早く首相になっています。このように、民主主義の世の中は、なかなか厳しいものだなという感じは受けました。

「首相になったらやりたいこと」を大学ノート三十冊に

大川隆法　ただ、首相になる前にはそれほど高い人気はなかったものの、なってからあとに人気が出てきたのは実力でしょう。実力が出てきて長期政権になり、二期四年を務め、「死んだふり解散」をして三百四議席も取ったので、ご褒美《ほうび》で一年延期になり、五年ほどされました。

人気が上がってきた理由としては、首相になる前、大学ノート三十冊ぐらいに、「首相になったらやりたいこと」を書いておられたようで、そういう事前の地道な努力、準備が大輪《たいりん》を咲《さ》かせたのではないかと思っています。

ひ弱な風見鶏風の雰囲気《ふんいき》だったところから、首相就任後、だんだん「大宰相《だいさいしょう》」になっていく雰囲気には、ずいぶん違《ちが》ったものがありました。イメージ的には、「哲《てつ》人《じん》宰相」という感じでしょうか。日本にも「哲人政治家」が出てきたのかなというイメージは強くありました。

他派閥《たはばつ》の後藤田正晴《ごとうだまさはる》氏を官房長官《かんぼうちょうかん》に起用

大川隆法　また、官房長官《かんぼうちょうかん》、副総理にもなった後藤田正晴《ごとうだまさはる》さんが女房役で支えておられたので、政権が安定していたところもあります。今の安倍《あべ》首相も菅《すが》官房長官が長く支えているためにもっているところもあると思うのですけれども、当時は後藤田さんが下におられたわけです。普通《ふつう》、同じ派閥《はばつ》から官房長官を据《す》えるのですが、田中派から呼んで据えました。

実際には、後藤田さんのほうが、昔の内務省では二年先輩《せんぱい》なのです。その後、内務省は、自治省、警察庁等に分かれ、今は総務省あたりに吸収されています。この内務省では後藤田さんのほうが先輩だったのですが、警察官僚《かんりょう》として上がっていって、警察庁長官まで務めてから政界入りされているため、政治家としては中曽根さんのほうが先輩ということになります。その後藤田さんが用心棒代わりに官房長官に入って、カミソリのように〝切り落とす〟感じで護《まも》っておられたのが、長期政権となった一つのポイントではあったでしょう。

外交において〝押《お》し出し〟が利《き》いていた

大川隆法　もう一つは、本人の構想力や勉強のところで、日本から外交に出しても恥《は》ずかしくない感じはありました。

もっとも、逆の言い方をする人もいます。例えば、田中角栄さん側からは、「中曽根さんは富士山《ふじさん》のようなもので、遠くから見ればよいけれども、近くから見るとゴミの山だ」というように見えたそうです（笑）。まあ、少し言いすぎました。亡くなったばかりの方にこんなことを言ってはいけません。今、失言しましたが、「近くで見れば缶《かん》カラが転がっている、遠くから見れば霊峰《れいほう》富士に見える」というようなことを角栄さん筋《すじ》が言っていたような気がします。

それはともかく、中身のある宰相という感じがあって、外国に出したときには〝押《お》し出し〟がけっこう利《き》いていてよかったと思います。

ご本人としては、「サミット等へ出て公式に話をするのは、それほどどうということはなかったけれども、やはり、欧米《おうべい》の首相なり大統領なりと非公式の部分でコーヒーブレイク、お茶会をしているようなときに会話をいろいろしなければならず、そのときに、日本の首相の頭の中身をチェックされる感じがあって、これがけっこう大変だった」というようなことを言っていました。

フランスのミッテラン、イギリスのサッチャー、アメリカのレーガンと、政治学で語れば錚々《そうそう》たるメンバーなので、このなかに交じって雑談をするのは、確かに教養・見識が問われるでしょう。これは怖《こわ》いところであり、こういうときのほうがよほど大変であるわけですが、日ごろの勉強と、宗教的素養、禅修行《ぜんしゅぎょう》のようなものもしていたのが多少は効いたようです。

あとは、レーガン大統領との「ロン・ヤス関係」ということで、レーガン大統領を「ロン」と呼び、中曽根さんを「ヤス」と呼ぶような関係を築き、自分の山荘《さんそう》に呼んで、庵《いおり》でお茶をたてたりしたこともありました。なかなか、日本のいいところを宣伝し、格式のあるところも見せています。

そういう意味では、日本の戦後の国力が最強のときでしょう。バブル期と言えばバブル期なのですけれども、首相をされた一九八二年から八七年というのは、いちばん力があったころでしょう。一九七〇年代の終わりごろは、エズラ・ヴォーゲルの『ジャパン・アズ・ナンバーワン』がベストセラーになったころであり、「日本が一番になる」というようなときの、ピーク時の首相をしていた方ではあったかと思います。それは、ちょうど私が社会人になった時期と重なっています。

中曽根氏は、幸福の科学を始めてから最初に接触《せっしょく》してきた政治家

大川隆法　また、会社を辞《や》めて幸福の科学を西荻《にしおぎ》から始めたときに、いちばん最初に接触《せっしょく》してきた政治家が、中曽根さんでした。

いきなりというわけにもいかないので、人を介《かい》して接触してきました。財界にも詳《くわ》しい「経済界」という雑誌があり、当時、佐藤正忠《さとうせいちゅう》という明治《めいじ》学院から出た方が

主幹をしていました。

政界や財界の後ろ盾《だて》のように動いている方でしたが、この佐藤正忠さんが仲立ちをして、中曽根さんの書簡を私のところに届けにきて、そして、私の返事を持って帰っていったのです。

そういう関係をつくったのは、西荻時代です。当時の記憶《きおく》としては、私はまだ結《けっ》婚《こん》していなかったような感じがします。とすれば、まだ総理大臣在任中の最後のころであったかもしれないと思います。幾《いく》つかのことを箇条《かじょう》書きで書いてこられて、それについて、私は同じ条数でお返事したのを覚えています。

この話は、以前出した『中曽根康弘元総理・最後のご奉公《ほうこう》』という守護霊《しゅごれい》霊言にも出ています。

佐藤正忠さんを介して返したのですが、そのあと、「読売新聞の記者が西荻を取材して回っている」という話が入ってきたので、「これはもう、直接会わないほうがよ

『中曽根康弘元総理・最後のご奉公』(幸福実現党刊)

いのではないか」と思いました。政権末期になっていて危ないころだったので、そのときは、直接はお会いしなかったと思います。

ただ、私の本は、おそらく読んでおられたのではないかと思います。

生涯現役《しょうがいげんえき》人生の参考にするには、立派すぎるモデル

大川隆法　そういうことで、中曽根さんは、政界や日本の将来についてもいろいろと考えを持っておられると思いますし、「生涯現役《しょうがいげんえき》人生」や「百歳人生」の参考にするには、立派すぎるモデルではないかなと思っておりますので、そのへんも視野に入れて、今日、聞いてみたいと思います。

前回は守護霊霊言でしたが、今回は本人霊言ということで、多少違いはあると思います。死後一日ですので、霊界《れいかい》についての認識は、二、三日前に録《と》った長谷川慶太郎さんの三カ月後の霊言とは少し違って、まだそこまでは行っていないのではないかと思います。

ただ、宗教はお好きだったようなので、勉強はだいぶ進んでいらっしゃるかもしれません。

では、お願いしますね。

綾織　よろしくお願いします。

大川隆法　あと、中曽根さんのほうから、「幸福実現党の将来を占《うらな》う意味で、ちょっと、大川裕太も呼んでこい」と言われたので、呼んでおります。才能がないと見られた場合は、「党の先は、先細りになって消滅《しょうめつ》する」というような見方で、「まだ可能性があるかどうかを、この目で見たい」とのことであったので、お呼びしております。そつのない振《ふ》る舞《ま》いをお願いしたいと思います。

では、中曽根康弘さん。昨日、亡くなられました、大勲位《だいくんい》の中曽根康弘さんの霊を幸福の科学総合本部に招霊《しょうれい》いたしまして、お考えをお聞きしたいと思います。

よろしくお願いします。

（約五秒間の沈黙《ちんもく》）

2　亡《な》くなったあとの様子

「最後のメッセージを送りたくなって、〝押《お》しかけ〟た」

中曽根康弘　うん。うん。

綾織　こんにちは。

中曽根康弘　うん。君たちは、前の本で。

綾織　はい。守護霊霊言《しゅごれいれいげん》のときに、質問させていただきました。

中曽根康弘　ああ。だいぶ経験を積まれて、老練になられているんだろうねえ。まあ、お手柔《てやわ》らかに。

綾織　いえいえ、とんでもございません。

このたびは、死後一日目ということで、貴重な機会を頂きました。

中曽根康弘　まあ、押《お》しかけかなあ、スッと。申し訳ないな。もし、なんか周りから批判とか、ブーイングとかが来るようでしたら、「本人の意思で押しかけた」ということで、言ってくださって結構です。

「幸福の科学や幸福実現党が、宣伝に使いたくて中曽根を呼んだのではなく、本人が、死んですぐ大川隆法さんのところで最後のメッセージを送りたくなって、来たんだ」ということだけは言っておいてくださっていい。まあ、意地悪な週刊誌とか多いからねえ。

綾織　はい。ありがとうございます。

確かに、外に向けてのメッセージは、最近は発信されていなかったので、最後のお言葉を頂ける機会になるかと思います。

中曽根康弘　ひ孫もいる人間としてはねえ、「もうあんまり世間《せけん》様に波風を立ててはならん」という、好々爺《こうこうや》になるべく、努力をしておったでなあ。

人生を百点満点とすると、「百一点」を取った気持ち

綾織　最初に、お亡《な》くなりになったあとの状況《じょうきょう》について、お伺《うかが》いしたいと思います。百一歳《さい》ですので、さまざまに不自由な部分もあったかと思います。

中曽根康弘　うん。

綾織　肉体を脱《ぬ》ぎ捨てられて、今、一日少したっているわけですが、どういう感覚でしょうか。心境の面も含《ふく》めて、どのように変化してきていますでしょうか。

中曽根康弘　まあ、人生百点満点で、なんか「百一点」取ったような気持ちかなあ。ハッハ（笑）。まあ、百歳までは、少なくとも生涯現役《しょうがいげんえき》はやっていたつもりではいるんで。ええ。

最期《さいご》は老衰《ろうすい》だから、まあ、しょうがないけど。今は「老衰で死去」なんて、あんまりないんじゃないかねえ。

綾織　そうですね。あまり聞かないです。

中曽根康弘　その意味では、満行《まんぎょう》して、ちょっと、お釣《つ》りが来たような感じはしておるがなあ。

この一日は、大川総裁の周りをグルグル回っていた

綾織　この短い一日少しの間で、どなたかに挨拶《あいさつ》に行かれたか、あるいは、おそらく、たくさんの方が、「会いたい」ということで、来られているのかなとも思うのですけれども。

中曽根康弘　いや、報道をね、いろいろ、まあ、するために、いろいろ取材とか聞き回りとかをされていることは見ておったが、主として大悟館《たいごかん》で交渉《こうしょう》しておったので（笑）。

綾織　あっ、そうですか。

中曽根康弘　私のほうは、ちょっと、この世のほうでなくて、こちらと交渉しておったので。まあ、幸福の科学の〝ブロック体制〟は厳しいため、「もしかしたら、年内に出れない可能性があるのではないか」ということで。ああ。

綾織　その交渉相手というのは、どなたになるのでしょうか。

中曽根康弘　大川総裁ですよ。

綾織　直接ですか。

中曽根康弘　ええ。「大川総裁の周りをグルグルと回る」ということだよな。お風《ふ》呂《ろ》に入っても、中曽根が出てきた。トイレでも出てきた。リビングでも出てきた。

長谷川慶太郎《はせがわけいたろう》の校正をやってても、「中曽根、中曽根」という声が聞こえてくる。まあ、しょうがないわなあ。やるしかないから。早くやらないと、帰ってくれないもんな。

まあ、嫌《いや》がらせしてるわけじゃなくて、「政治家というのは、そのくらいの粘《ねば》りがなければ成功しない」っていうことを言ってるんだよ。うん。やっぱり自分の思いを伝えないと、駄目《だめ》なんだな。

綾織　なるほど。

3　百一年の人生を振《ふ》り返る

小泉純一郎《こいずみじゅんいちろう》氏によって引退させられたことを、どう思っているか

加藤　本日は、ご帰天《きてん》、ご逝去《せいきょ》後、わずか一日で、本当に貴重な機会を頂きました。ありがとうございます。

中曽根康弘　うん。

加藤　できれば、中曽根先生の人生を振《ふ》り返りつつ、お言葉を頂きたいのですが。

中曽根康弘

中曽根康弘　うん、うん。

加藤　先生の人生を拝見しておりまして、百一年、もう完全燃焼《ねんしょう》、生涯現役《しょうがいげんえき》の、本当にお見事な人生だったと思っております。

一方で、非常に刻苦勉励《こっくべんれい》、努力の方でありながら、何とも言えない明るさとか、朗《ほが》らかさがあったように感じております。前回の守護霊霊言《しゅごれいれいげん》のときにも申し上げたのですが、先生が総理になられた途端《とたん》、この国全体がパッと明るくなったような感じがしたのを、私はよく覚えております。

中曽根康弘　うん、うん。

加藤　それで、いかがでしょうか。百一年の人生を振り返られて。

中曽根康弘　そらあ、前もちょっと、守護霊は言ったかもしらんが、小泉純一郎《こいずみじゅんいちろう》君がねえ、七十三歳《さい》定年制という……。あれは歴史に残る汚点《おてん》だわなあ。ああいう差別はないんじゃないか。これから高齢《こうれい》社会に入っていくのにさあ。「七十三歳で定年」って、自分に都合《つごう》のいいようにやったとしか思えんわなあ。

綾織　確かにその後を考えると。

中曽根康弘　いやあ、九十五歳まではいけたと思うし。まあ、九十五歳は欲張ってたとしても、九十歳ぐらいまでなら、いけた感じはするんだがなあ。自分として、そんなにボケてる感じはなかったし、本も書けるぐらいであったんで。

九十歳ぐらいでいったら、外国の要人に対しても、やっぱり、「九十歳の日本の長老が現役でいる」っていうことは……。大統領が来たって首相が来たって、皇室でカバーできない部分については、こちらでカバーできたからねえ。

ちょっと、人によって頭脳と体力に差があるからねえ。これはフェアでなかったんでないかねえ。うーん。

加藤　衆院比例名簿《めいぼ》、生涯一位ということで。

中曽根康弘　だろう？

加藤　いちおう約束があったと思うんですけど。

中曽根康弘　嘘《うそ》をついたらいかんよね。な？

加藤　小泉純一郎政権のとき、急に引っ繰《く》り返されたかたちになりました。

中曽根康弘　うーん。まあ、宮澤《みやざわ》君がさ、「まあ、首相に恥《はじ》かかしちゃいかんから」ということでな、「みんな一斉《いっせい》に辞《や》めようじゃないか」というような感じで言って、辞めたんだけど、やっぱり今の社会を見ると、これは逆行する考えではあったわなあ。年寄りに元気を与《あた》える意味では、逆行する。

私だって、「年金なんかもらえんでいいから、現役でやらせろ」っていう感じではあったわなあ。鍛《きた》え方が違《ちが》うわなあ。だからねえ、「一緒《いっしょ》にするな」っていうこったなあ。

戦後の最盛期に宰相《さいしょう》をやっていたことが自慢《じまん》

加藤　先生の一句で私が大好きなものがあります。「暮れてなお　命の限り　蟬《せみ》しぐれ」という句でして、「もっともっと鳴いていただきたかったな」というところもあるんですが、いかがでございましょう。いちおう今回、日は完全に暮れた状態になっているのですが、この百一年の生涯を振り返られて、改めて何か一端なりとも語っていただければありがたく存じます。

中曽根康弘　とりあえずは、先ほどご紹介《しょうかい》いただいたように、いったん敗戦で沈《しず》んだ日本が復興して、戦後の最盛期のときの宰相《さいしょう》をやっていたっていうことは、まあ、自慢《じまん》だなあ。

その後、私が辞めて三十年余りになるのかなあ。二十年、三十……、三十五年ぐらいか？　まあ、日が昇《のぼ》らないもんな。山の端《は》に沈んでから、あと、上がってこないからさ。だから、人を得るは難しいことがよく分かるわなあ。

まあ、チャーチルみたいな例もあるんだからさあ。「七十代からでも、まだまだ返り咲《ざ》く」とかあってもおかしくはないんだけどなあ。まあ、見識っていうのがあるからなあ。

ただ、わしがやったから、息子《むすこ》が総理にはなれなかったところがある。そのへんはちょっとなあ、後世、来る者には、道を拓《ひら》かないかんところもあって、若干《じゃっかん》難しい。才能となａ、そのへんの難しさ、この世の難しさと、両方あるけどなあ。
ただ、政治家としても、まあ、例外的だったのではないかなあとは思うがなあ。
うーん。

この国がもう一段安定するには

加藤　冒頭《ぼうとう》に大川総裁からもお話がありましたけれども、ちょうど中曽根先生が総理をされていた一九八〇年代、自民党は、「三角大福中《さんかくだいふくちゅう》」ということで、「派閥《はばつ》の金権政治云々《うんぬん》」とも言われていました。

中曽根康弘　うん、うん。

加藤　しかし、今振り返りますと、このころが自民党の最盛期でありましたし、日本も国力のピークに行こうとしており、また、海外も見てみると、レーガンあり、サッチャーあり、コールあり、ミッテランあり、中曽根先生ありで、東西冷戦終結に一気に向かっていく動きもありました。

中曽根康弘　うん、うん、うん。

加藤　振り返ってみると、本当にいい時代だったというか、逆に、今となってみると、「先生も、そうした時代をつくられたお一人だったんだな」と、つくづく感じるものがあるのですが、いかがでしょうか。

中曽根康弘　もし、「首相」の上に「大統領」っていうのがいてねえ、実際上の実務は若い首相がやってもいいけど、大統領が政治的にもうちょっと全体を見てるような感じでいて、皇室はもうちょっと宗教性があってもいい存在みたいな感じでいたら、この国は、もう一段の安定と、対外的な、まあ、人材による抑止力《よくしりょく》っていうのが効いた可能性はある。

今は、安倍《あべ》君が長くやってはおるが、一年ごとに首相が替《か》わったときもあるよね。六人ぐらい替わったりして、海外のトップが、「もう日本の首相の名前が覚えられない」って言ってた時期がある。そういう人たちは、サミットとか行ったたって、一回で終わりだからねえ。だから、信用されなかったしねえ。

その意味で、何て言うか、「永遠にクビを切り続けるのが民主主義」という面もあるけども、でも、そのなかで、安定的に成長しなきゃいけないバックボーンも要《い》るんじゃないかなあと思っておるんで、まあ、もうちょっとだけ、やってみたいことがあったけどな。

小泉君なんか……。息子じゃないよ。親父《おやじ》のほうなんかは、辞めてからあとのボケ方は、私より早いんじゃねえかな。正反対のことを言ってるじゃないか、首相時代と。あれ、ボケたんだよ。ボケたんだ。完全にボケたんだ。

綾織　そうですか。

中曽根康弘　うん。現役から離《はな》れたらねえ、ボケるんですよ。会社でも、政治家でも、みんなそうですけど。

ボケない人は、それだけのまだ責任感・志《こころざし》があって、努力を続けることが大事でねえ。まあ、「個人差はあるんだ」っていうことを認めないと、やっぱり、いけないな。

4 「功績」と「負の遺産」を振《ふ》り返る

国鉄民営化や原子力発電推進への思い

中曽根康弘　そろそろかい？

大川裕太　本日は、ご降臨《こうりん》くださりまして本当にありがとうございます。また、百一年の長きにわたりまして、この大和《やまと》の国、日本をお護《まも》りくださいましたこと、心から感謝申し上げます。

中曽根康弘　うん、うーん。

大川裕太　私も、一九八〇年代の政治について、大学のほうで、論文のテーマとして勉強させていただいたことがございます。中曽根元首相のご在任の時期は、日本の国がいちばん輝《かがや》いた時期だったというふうに感じております。

中曽根康弘　うん。

大川裕太　この時期に、いろいろ改革してくださいましたことのなかに、日本の繁《はん》栄《えい》をつくった面と、それから、その後の停滞《ていたい》の原因となった面と、両方があったかなと思わせていただく次第《しだい》でございます。

中曽根康弘　なかなか厳しそうだなあ。怖《こわ》いなあ。

大川裕太　いえいえいえ。

中曽根康弘　死んで一日だからなあ。

大川裕太　ああ、すみません（笑）。

中曽根康弘　君ねえ、同情の念を持ちたまえよ。

大川裕太　中曽根元首相のなされた大きなプラスの改革として、一つは、国鉄の民営化に見られるような「三公社五現業の民営化」というものがありました。

中曽根康弘　うんうん、そうだな。民営化な。うん。あれは必然だったな。やらなきゃいけなかった、誰《だれ》かが。

大川裕太　はい。ちょうどサッチャーやレーガンといった新自由主義の流れで……。

中曽根康弘　うん、そうそう。一緒《いっしょ》だよねえ。

大川裕太　はい。重要産業を国営企業《きぎょう》が占《し》めるという、日本の経済の、ある意味、社会主義体制で続いてきたような部分が民営化されていったという点が、日本のさらなる発展の原動力になったと思います。

中曽根康弘　うーん、よく勉強しておる。よろしい。

大川裕太　はい、ありがとうございます。

それから、中曽根元首相は、一議員であられたお若い時代から、原子力発電の推進をされてきました。

これも、世界に先駆《さきが》けた潮流《ちょうりゅう》でもありましたし、日本のその後の核《かく》装備まで含《ふく》めた視野をお持ちでいらっしゃったのではないでしょうか。

中曽根康弘　それはそうだよ。「憲法改正」ね、まあ、目指してはいたけど。憲法改正して国を護るといっても、よその国が原爆《げんばく》・水爆を持っている時代だからねえ。だから、原子力発電をしないっていうことは、原爆はもう永遠に持たないっていうのと、まあ、ほぼ一緒だからね、ほぼね。それは、「持つ可能性がある」という、可能性があるというだけでも抑止力《よくしりょく》になるからね。「日本が本気になったらやるだろう」と思うだけで。

まあ、今、ローマ法王とかが来て、「しないように」とか言ってるんだけど、「しない」ということを決めただけで、これは、もう他国の支配下に入ることを意味しているからね。

それはアメリカにとってもそうだよ。「アメリカが護ってやる」っていうのもいいけれども、いや、「護ってもらう」のはいいけれども、どこかで対等にはならないといけないからねえ。

その意味では、アメリカの核頼《だよ》りというのに賛成の人も反対の人もいるだろうけれども、戦後まもなくはしょうがないにしてもね、戦後五十年を超《こ》えて、アメリカに護ってもらわなきゃいけない体制っていうのは、ちょっと恥《は》ずかしいかな。うん、と思うね。

まあ、ドイツもできないんだけど。うーん、だけど、ヒットラーとはさすがにちょっと違《ちが》うんじゃないかなあ、日本はなあ。もうちょっと高邁《こうまい》な理想はあったからなあ。

まあ、戦争については被害者《ひがいしゃ》もいるから、あまり強くは言えないけどもね。だけど、この国をやっぱり自立させたかった気持ちはあるので。

で、その原子力のところは小泉《こいずみ》君なんかが狂《くる》って言っているところではあるけれども、このへんが分からないんなら……。

「原子力発電所を持っている」ということは、日本は、いざというときは、一、三年以内に核装備可能っていうことで。日本を占領《せんりょう》しようという国が、もし、出てきた場合は、対抗措置《たいこうそち》が取れるっていうことを意味しているからね。だから、単なるエネルギーの確保だけじゃあないわな。

まあ、安倍《あべ》君とかは、そのへんは分かっていると思うけどなあ。うん。

国防費GDP一パーセント枠《わく》の縛《しば》りを打破

中曽根康弘　ほかはどうだ？　勉強した方。

大川裕太　はい。ほかには、中曽根元首相は生前、国の防衛というところについても、非常に強い思いをお持ちでした。

例えば、防衛費については、日本の憲法の制約もあり、やはり、あまり増やしてはいけないということで、一九六〇年代以降はGDPの一パーセント以内に抑《おさ》えるということが続いていましたし、三木《みき》首相のときには、それが閣議決定されてしまったわけです。

それを打ち破り、防衛費がGDPの一パーセントを超えたというのが中曽根首相の実績でした。

また、憲法改正というのも早期から訴《うった》えられ、「憲法改正の歌」というものまでつくっていらっしゃいました。

中曽根康弘　フフッ(笑)。うん。

大川裕太　やはり、「国を護る」ということを、海軍の時代からずっと考えていらっしゃったのではないかと思います。

中曽根康弘　うーん……、まあねえ。

まあ、戦争はね、ないほうがいいとは思うけどねえ、戦う以上は、やっぱり国が滅《ほろ》びちゃいけないんでね。せめて、滅びないところで終戦を迎《むか》えられるようにはしないといけないわね。

だから、長崎《ながさき》・広島に原爆を落とされて、東京を焼け野原にされて。いやあ、あまりにも惨《みじ》めな敗戦だったわな。この二千七百年の歴史のなかでね、こんなこと初めてなんで。

日本の神々にも申し訳ない。高天原《たかまがはら》にも大いなる衝撃《しょうげき》を与《あた》え、やっぱり皇室の弱体化を招いたわね。天皇の「人間宣言」なるものは聞きたくなかったなあ、はっきり言って、うん。

綾織　なるほどですね。

中曽根康弘　国防をね、ＧＤＰ……、まあ、昔はＧＮＰって言ってたけど、そのＧ

DPの一パーセントっていうのがミソではあったんだけどね。これだと、経済成長を続ければ、国防費も増やせるからね（笑）。「予算の一パー」とか言われると、もうちょっと厳しいんだけどねえ。

ただ、これは中国なんかのほうが逆になって。だから、経済規模が大きくなって国防費がものすごく……、どうだろう？　今、アメリカの半分ぐらいまで来ているんじゃないか。なあ？　二十何兆円ぐらいか？　だけど、日本はまだ五、六兆円とか、そんなところで止まっているんだろ？

中国がもう二十何兆円まで行ったのなら、これはちょっと〝まずい状態〟だわなあ。今、韓国《かんこく》から国を護れるかどうかという厳しいあたりになってきているから。

靖国参拝《やすくにさんぱい》の見送りと中国・天安門《てんあんもん》事件での判断ミスが招いたもの

加藤　今、中曽根内閣時代のプラスのお話がありました。恐縮《きょうしゅく》ですが、一方で負の遺産としては……。

中曽根康弘　うん。マイナスね？　はいはい。まあ、分かりました。

加藤　例えば、今、お話も出ましたけれども、当時、中国の胡耀邦《こようほう》総書記あたりとの良好な関係にも配慮《はいりょ》されて、靖国参拝《やすくにさんぱい》を見送られたことが、あとあと、非常に大きな悪影響《あくえいきょう》を残している面もあるとは思うのですが、今となってはいかがでしょうか。

中曽根康弘　はあ……。中国との国交をね、まあ、田中角栄《たなかかくえい》さんが国交回復を成し遂《と》げたあたりは、まだ、中国は、日本から見りゃ、はるかに後《おく》れた国であったんでね。貧しい人たちが多くて、農村人口が多かったんでね。工業化するのを手伝ってやることは、まあ、正義感が勧《すす》めることでもあったしね、自分たちの心のなかのね。

中国は、先には被害を受けた面もあったろうから、豊かにしてやって、お返しをしたい気持ちもあったから。まあ、その気持ちは私も同じだったんでねえ、やったんだけど。

問題は、うーん……、やっぱり天安門《てんあんもん》の処理だろうね。

今は、香港《ホンコン》……、まあ、私はもう寿命《じゅみょう》が尽《つ》きて何も力はないけれども。香港の民主化運動がね、「第二の天安門」になるかどうかみたいな議論が出ている。これは、今の人にはそんなに分からない議論かもしれないけれども、天安門事件のときには、中国は孤立《こりつ》化したのよ。世界から孤立化して……。こんなこと、今の時代に許されていいことではないし、ましてや、ソ連崩壊《ほうかい》のときだし、東西も直前だったし。東西ドイツの壁《かべ》が破れた年が八九年ですからね。これは天安門事件のときなんで。東西ドイツの壁が破れた年に、天安門事件で戦車を繰《く》り出して、力で民主化運動を踏《ふ》み潰《つぶ》した。

「銃弾《じゅうだん》」と「力」で〝踏み潰して〟しまった中国を糾弾《きゅうだん》して追い込《こ》んでしまうこ

とも可能であったと思うのに。うーん……、まあ、ちょっと、読みは少し甘《あま》かったのかなあとは思う。

それで、日本のほうが中国に助け舟《ぶね》を出して、国際社会から孤立しないようにしたし、現・上皇陛下《へいか》が、天皇で……、え？

加藤　天皇陛下になられてからです。

中曽根康弘　陛下になられてからだったかな。中国に行かれたことで、完全に国際封鎖《ふうさ》が解けてしまったから。今の香港デモまでの間のこの中国の悪い地下体制？水面下の、外国に分からない悪い体制は、それは日本に責任がある。

先の大戦中の中国の悲劇も、まあ、責任があるし、戦後の中国の発展に対しても一定の責任を取ったけれども、天安門以降、今の香港デモまでの中国の、何て言うか、非近代的体制、停滞についてもまた、われわれの判断ミスはあったのかなとは思うなあ。

特に習近平《しゅうきんぺい》なんかも、あそこまで〝野獣化《やじゅうか》〟するとは思わなかったんで（笑）。まあ、もうちょっと穏《おだ》やかな人だと思っていたからさあ。

中国は、私のほうなんかの目には、まあ、戦後はずっと日本の後塵《こうじん》を拝している感じで、まあ、経済発展を教えてやる立場だったんで。「まさか軍事大国・経済大国になって、日本を脅《おびや》かすようになる」っていうところまでは読んでいなかったし、日本の財政赤字の削減《さくげん》も、私らのときにやりたかったし。まあ……、このへんは難しかったね、「軍事」と「経済」の問題なあ。

売上税以降の長期不況《ふきょう》をどう見るか

中曽根康弘　あと、「売上税」を入れようとして、まあ、中小企業の猛反対《もうはんたい》を受けてできなくなって、竹下《たけした》さんがやったんだけれども、結局は、自民党政権の没落《ぼつらく》・不安定化につながっていったし、今の戦後の不況、最長の不況と言やあ不況なんでしょうけど、回復できない体制をつくってしまったところもあるんだろうが、このへんのところ……。

うん、まあ、宮澤《みやざわ》君が、もうちょっとなあ。まあ、宮澤君も遅《おそ》かったかなあ。うーん、十五年ぐらい遅かったかもしれないので。あちらは、着実に年齢《ねんれい》相応に頭の老朽化《ろうきゅう》が行っていたような気がする。

加藤　宮澤さんも、佐藤《さとう》政権があれほど長く続かずに、もう少し早い、一九八〇年代前半ぐらいまでにやっていたら、名宰相《めいさいしょう》になられていたかもしれません。

でも、やはり、思想的にはいかがなものかと、われわれは感じてはいます。

中曽根康弘　私と宮澤君でさあ、まあ、後藤田正晴《ごとうだまさはる》とかも、まあ……、ちょっと、首相じゃないけど、いたけど。このあたりが東大法学部最後の輝きでなあ、みんなだいたい戦中・戦前派で、戦後卒業生ではもう、ろくなのがいやしないっていうかさあ、大物が出ていない。会社の社長ぐらいとか、まあ、事務次官ぐらいまでは行くが、この政治家の大物みたいなのはもう出てこなくなっちゃって、小粒《こつぶ》になっちゃってなあ。なんか残念で。

宮澤君も、その分、ずいぶん、あの世で〝鉄の釘《くぎ》〟を打ち込まれているようではあるけどねえ。

綾織　それは、ちょっと気になるところですけれども。宮澤さんは、〝鉄の釘〟を打ち込まれている状態なんですか。

中曽根康弘　ああ、それは他人事《ひとごと》だからあんまり言わ……。

いやあ、私は、死んでまだ一日目で、これから自分がどうなるかは、まだちょっと……。しばらくまだね。

綾織　いやいや。中曽根先生は大丈夫《だいじょうぶ》だと思います（笑）。

中曽根康弘　そう？　そう？　君、保証してくれるの？

綾織　私の保証は当てになりません（笑）。

中曽根康弘　いやあ、君の永代供養《くよう》は期待できるということだな？

綾織　いやいや……（笑）（会場笑）。

やはり、宮澤元首相の場合は、バブル潰しと歴史問題の部分で、その後の日本のとても大きな足かせとなったところがありますので、天国なのか、そうではないのかというようなところは、非常に気になるところではあります。もし、何か……。

中曽根康弘　ああ……。まあ、高度成長期にほとんどの政治家人生を送っているからね。その反対側の経験がなかったっていうところは大きかったわねえ。その反対側に対処するには、まあ、「破滅《はめつ》する」とか「没落する」とかいうような経験から立て直すようなあれが要《い》ったんで。

みんな、宮澤喜一には、高橋是清《たかはしこれきよ》みたいなのを期待していたんだと思う。〝だるまさん〟が出てきたみたいな感じのね。彼は首相もやったから。大蔵《おおくら》大臣に何度も返り咲《ざ》いたりしてやったけどさあ、あの高橋是清みたいなイメージを持っていたんだと思うんだよなあ。

高橋是清ならできたかもしれない、もしかしたら。彼は、そういう経済の上がり下がり、乱高下を経験しているし、自分自身でも人生の浮沈変転《ふちんへんてん》は経験したからなあ。

あそこで、経済が見える、そういう実体経済を経験している人が高橋是清とか松《まつ》下幸之助《したこうのすけ》で。まあ、これは政治家じゃあないけれども、松下幸之助的な人が健在でやっていたらねえ、あるいはできた可能性はあるわなあ。

後藤田正晴《ごとうだまさはる》氏との考えの違《ちが》いについて訊《き》く

加藤　今、中曽根・宮澤・後藤田《ごとうだ》という名前が出ました。三人とも同じ戦前派ですけれども、はっきり申し上げて、中曽根先生と後藤田さんあたりでは、国防上の問題や憲法観などについてはかなり違《ちが》っています。後藤田さんのほうはハト派と申しますか、リベラルな感じでした。

このあたりの違いなんですが、例えば、中曽根先生は海軍主計中尉《ちゅうい》として戦場のご経験もされていますので、そのあたりの経験もあるのでしょうか。

あるいは、高天原《たかまがはら》の神としての……。

中曽根康弘　まあ、その後を見れば、やっぱり、私のほうが正しかったんじゃないかなあ。私が言っていたとおりにやっていれば、日本の国防や自衛隊のもうちょっと自由な活用については、十年以上早くなっていたんじゃないかねえ。

加藤　このときに自衛隊を少しでも派遣《はけん》をしていれば、状況はだいぶ違ったと思います。

中曽根康弘　うん、そうそう。彼は、まあ……、朝日新聞が強かった時代の影響を受けているからねえ。「社会党の委員長ができる」と言われていた人が自民党にいて（笑）。「なんでいるんだろう」っていう感じだけれど（笑）、まあ、警察官僚《かんりょう》だから、警察庁長官までやっちゃって。普通《ふつう》は政治家はしないんだけどねえ、こういう人は。

だから、ちょっと「取り締《し》まり統制型」ではあって、法に忠実にやらなきゃいけないっていう刷り込みはすごく強かったからね。

政治家っていうのは法律に忠実でなければいけないけれども、自分たちがつくっている法律でもあるわけなんで、悪法だと思えば、手直ししてつくり変えることはやらなきゃいけないし。

政治家なら、「憲法だって押《お》しつけられたものであることは分かっているから、自分らの手で、何とか日本らしいものにしたい」っていう気持ちは持っていたけど、彼はちょっと官僚が長すぎたため、法律で悪を罰《ばっ》するっていうことをやりすぎていたからねえ。

5 「憲法改正の必要性」と「大統領制の意義」

「憲法改正が進まないのは、君たちの責任だよ」

加藤　今、法律のお話が出ていますが、国の最高法規としての憲法の話も、もう少しお聞かせいただきたいと思います。

憲法改正の機運について、国民に訊《き》くと、「そろそろ必要だ」という声はかなりの多数にはなっていながら、国会では……。

中曽根康弘　行かないねえ。

加藤　相変わらず遅々《ちち》とした状況《じょうきょう》でございます。

中曽根康弘　行かない。はい。

加藤　もう、今の状況でも憲法改正が進まないのだったら、「どうしたらいいんだろうか」という感じなのですけれども。

中曽根康弘　いや、これはねえ、「君たちの責任」だよ。いや、言い方は悪いけど。いやあ、まあ、逆説的な言い方だけど、君たちの責任だよ。君たちが二〇〇九年に立党して政党をつくれてたら、憲法改正はもう成ってると思う。だから、君たちの責任で……。まあ、悪い言い方だけど。ごめんね。悪い言い方だけど、君たちの責任で。

もっと別の言い方をしたら、「創価学会《そうかがっかい》の責任」なんだよ。創価学会・公明党と連立しなかったら自民党が……。

連立政権をずーっと続けてるせいで、憲法改正ができてないんだよ。創価学会は、「中国との国交回復に根回しした」っていうことを、もう、金科玉条《きんかぎょくじょう》のように手柄《てがら》として言ってるから。それで親中派だし、「憲法改正反対」みたいなので、けっこう、意外に戦後的なんでね。

戦後のまもないころの価値観を持ってる団体なんで。これが、宗教政党をつくって、やってるけど、考え方が古くて、新しい考え方がもうまったく出てこないんで。これは、君らに取って代わられるべきだったんだよ。だから、君らのせいにしちゃいけないかもしらんけど、君らが十年間負け続けた結果、憲法改正も遅《おく》れ続けてるっていうことだねえ。

中国・日本・アメリカの行政制度を、どう見ているのか

綾織　憲法改正に関しては、幸福実現党の「新・日本国憲法 試案」というものがあります。

●「新・日本国憲法 試案」　『新・日本国憲法 試案』(幸福の科学出版刊)第1章に所収。

これについては、保守のなかでもいろいろな意見があるのですけれども、「大統領制を掲《かか》げている」という部分で、「天皇・皇室をないがしろにしているのではないか」というような意見もあります。

ただ、中曽根先生も、「首相公選制」ということで、「大統領制」的な制度を提案されていましたので、この試案をどのようにご覧になっているのかをお伺《うかが》いできればと思います。

中曽根康弘　いや、やっぱりねえ、中国だってさあ、習近平《しゅうきんぺい》の、何だろう……、まあ、大統領だよな。言ってみれば、大統領にして元首だよな。その下に首相がいるんだろう？　李克強《りこくきょう》っていう秀才《しゅうさい》の首相がいるんだよな。で、実務はそっちが仕切ってるんだろう？

日本は安倍《あべ》さんが忙《いそが》しすぎるわなあ。外交はやってトンボ返りして、国会では、また答弁……、「嘘《うそ》の答弁」と言っちゃいけないけど、なんか、ごまかし答弁を一《いっ》生懸命《しょうけんめい》、自分の頭で考えてやらなきゃいけない。ねえ？「昭恵《あきえ》夫人は私人《しじん》です」とか、一生懸命、言い続けなきゃいけない。

「桜を見る会（前夜祭）」のホテルニューオータニの会費については、「あっ、五千円でできたんです。八百五十人来ても、もう、みんな緊張《きんちょう》して、ご飯《はん》をほとんど食べないから、ホテルは三百人分だけ用意しときゃいいんで、全員が食べると思っちゃいけない。そういうわけで、三百人分ぐらい用意したら、五千円ぐらいに引き下げられるんです」というように、頭はそうとう使わないといかんのだろうねえ。大変だなあ。

綾織　そうですね。

中曽根康弘　「首相っていうのも大変だなあ」と。ああいうことを〝発明〟しなきゃいけないからさあ。

ほかの人たちは考えてくれないからさ。ほかの人はねえ、別に、首相が替《か》わったって構わないからね。次の人がなれるからねえ。

だから、自分で護《まも》るしかないからさ、ああいうことを言わなきゃいけない。無理はあると思うよ、言ってることには。だけど、繰《く》り返し言えばねえ、やっぱり洗脳できるからねえ。だから、ちょっと、まあ……。あれっ？　何の質問だったんだ。

綾織　その意味では、「行政」と……。

中曽根康弘　ああ、大統領制か。

綾織　「議会」との関係性の問題というのは、非常に大きいところがあります。それが行政の機動力をかなり奪《うば》ってしまっているところがあります。

中曽根康弘　まあ、アメリカの大統領も大変なんだけどなあ。あっちも首相はいないのは一緒《いっしょ》で、大統領で選挙戦……。「四年間の任期で、後半の二年は、もう、次の大統領選の準備にかからなきゃいけない」っていったら、これ、かなりきついけどねえ。

日本に「大統領」が必要な理由

大川裕太　首相公選制を唱えられたのは、やはり、「中曽根元首相ご自身が当選する」というイメージで考えられていたのでしょうか。

中曽根康弘　この年齢《ねんれい》、見りゃあ分かるじゃないの。なあ?

大川裕太　そうですね。

中曽根康弘　だから、アッハッハッハ（笑）、「終身大統領《しゅうしん》」とか、やっぱりいいな。そしたら、日本は安定しただろうし。もし私がね、首相を五年やって、あと、大統領……、まあ、なんかイランみたいになってくるけど、大統領で、実質的には細《こま》かいことは言わないけど、大統領的にいることができたら……。少なくとも、頭は、九十やそこらぐらいまでは大丈夫《だいじょうぶ》だったとは思うんだけど。

そうしたら、憲法改正とか、自衛隊の活用や……、あるいは、経済はそう強くはなかったから、できたかどうかは分からないけども、海外のトップに対して、「コロコロ替わる首相」では応対できない部分とかは、何とか太刀打《たちう》ちできたんじゃないかなあ。

だって、「ミッテランやサッチャーやレーガンの時代に相手した方が日本にまだいる」っていうなら、次の時代の政治家が来てもねえ、私のところで、ほとんど……。

要するに、天皇陛下《へいか》が会ってるけどねえ、政治的な権力を持っちゃいけないことになってるから、政治的発言ができないわけよ。だから、「ごきげんよう」の挨拶《あいさつ》してるからさ。あれは、ある意味で、その国……。要するに、「天皇の暴走が、みな、戦前の戦争を引き起こした」という。まあ、「軍部の独走」と言ってるけども、実際上、天皇の軍隊だったからね。

だから、軍部が引っ張れば、神輿《みこし》を担《かつ》げば、天皇は突《つ》っ走っちゃうんで、「権力を実質、持ってたら、もう止められない」っていうのかな、内閣では。「元首であれば止められない」っていうことで、何て言うか、〝宙ぶらりん〟の位置づけにしたけども、実質上、首相より上の判断ができる人、実務的判断ができる人がいなければいけないんだなあ。

「現天皇は、習近平《しゅうきんぺい》体制に〝お墨付《すみつ》き〟を与《あた》える可能性がある」

中曽根康弘　だから、天皇は、ＧＨＱによって死刑《しけい》にされないために、ああいうふうな権力抜《ぬ》きの、まあ、「飾《かざ》り」と言っては、ちょっと失礼に当たるから、何て言っていいか、「象徴天皇《しょうちょう》」っていう制度を編み出したけども、その役割は実に難しいものがあるわな。

だって、政治的権力は行使はしていないし、判断はしていないかもしれないけども、「もし、習近平《しゅうきんぺい》、中央の国家主席が、来年（二〇二〇年）の春に日本に来て、天皇陛下に国賓《こくひん》として招かれて、一緒に会食された」って、何の話をしたかは、報道する人たちは入れないから分からないが、「会って、雅子《まさこ》さんと一緒に、にこやかに挨拶したりなされた」っていうのは、中国でバンバン報道するから、そういうのだけはな。

そうすれば、習近平体制に〝お墨付《すみつ》き〟を与《あた》えたかたちになって、前の、その……、今の上皇がやったのと同じことが、もう一回起きるよな。

だから、香港《ホンコン》なんかを、もしね……。まだ、これ、分からないから、選挙では民主派は勝ってるけど、習近平は、あれは、そのまま放置したら台湾《たいわん》を取れないからねえ。どこかで強硬《きょうこう》手段を取ろうと思ってるから。強硬手段で香港を奪取《だっしゅ》して……。

まあ、トランプさんによれば、「十四分で取れる」っていう話だから、中国軍が本気になれば。そりゃ、ミサイルを百本も撃《う》ち込《こ》んだら、もうギブアップだろうねえ。雨傘《あまがさ》では無理だなあ。雨傘、火炎瓶《かえんびん》、投石では、もう、抵抗《ていこう》は不能だね。だから、警察では行けるが、軍が出たら、そりゃ、「十四分」っていうのはほんとかもしれない。それのお墨付きを、もしかしたら、現天皇が与える可能性があるっていうことだなあ。

綾織　その意味で、大統領制、あるいは、首相公選制にすることによって、「天皇の部分を護る」というか、「宗教性を逆に高めることができる」ということですか。

中曽根康弘　そう、そう。高められるし、終身制は、ほんとに認められると思うけど。大統領は、もし幾分《いくぶん》、政治的に象徴的な意味合いはあるとしても、なんか大きな軌道《きどう》修正をするなり……、まあ、そういうことで。

万一《まんいつ》ですねえ、習近平が「ナチス・ヒットラーの現代版」になったと、もう、世界が認めるような段階になる……、もしかしたら、近年中になる可能性は高いわなあ。

ウイグルや香港、その他、チベット、いろんなものが全部、彼らがやっている悪行が、全部明らかになって、欧米《おうべい》もみんな知るところになり、日本でも知るところになった場合、これ、現天皇陛下ご夫妻が彼らをもてなしたりしていると、それは、令和が始まってすぐに汚点《おてん》がつくわなあ。

これは、だから、内閣による「天皇制の政治利用」ができるんですよ。天皇が自主的にはできないようにはなってるが、内閣がお膳立《ぜんだ》てしたら、それはできるので。だから、習近平も副主席のときに、〝一カ月ルール〟を破って強引《ごういん》に、ねえ？「会わせろ」とねじこんできたよね？

綾織　会わせました。はい。

中曽根康弘　あれで、でも、やっぱり、次の権力の階段になってるわけで。日本の天皇も、間接的に、そういう外国の権力を増長させるような力があるんだよ、本当に。

6　なぜ、「日本経済」と「中国経済」は逆転したのか

「プラザ合意はしかたがないが、中国の成長力を甘《あま》く見ていた」

大川裕太　今、「中国が経済的に台頭してきている」ということが、世界の問題ではありますけれども。

中曽根康弘　うん。

大川裕太　そこで、少し、経済の話に変えさせていただきたいのですが、中曽根首相時代の政治的決断のなかで、日本が、その後「失われた十年」「二十年」と長く苦しむ原因となってしまったとも、今日《こんにち》では議論されている一点があるのかなと思

っています。

それは、一九八五年の「プラザ合意」です。これが、ある意味では、「日本と中国の、その後の大きな逆転の一因」といいますか、「日本がその後長く経済的に停《てい》滞《たい》する一つの原因ではなかったかな」と思っています。この点に関しては、今、どのように考えていらっしゃいますでしょうか。

中曽根康弘　うーん……。日本が、戦後、力をだいぶぶつけてきてたのでねえ。アメリカが、要するに、ゴルフみたいに考えてるわけよ。アメリカっていうのは、ゴルフと一緒《いっしょ》で、「ハンディをつけて戦う」っていうのかなあ。同じ力じゃない場合は、ハンディをつけて、やってたのが、ハンディを……。

まあ、君ら、ゴルフをしないかもしれないから知らないだろうけど、初めてゴルフをする人は、「ハンディ30」っていうのがあるんだね。その代わり、うまくなってくると……、まあ、七十何打ぐらいでホールを回る人になってきたら、もう、ハンディがねえ、「4」とかさあ、そのくらいになってくるんでね。

トランプさんなんか、もう、そのくらいなんじゃないかなあ、知らんけど。そうすると、安倍《あべ》さんだって、ほんとは、もう全然勝負にならないんだけども、ハンディが違《ちが》うので、その分の差もあって調整するんだよね。

こういうふうに、日本も敗戦後、もうほんとに、バラックから「あしたのジョー」的に這《は》い上がってきてるから、そのときには、やっぱり、ハンディを与《あた》えて、「強きが弱きを助けなきゃいけない」っていう面があったけど。

一九八五年ぐらいって、ほんとに、「日本のハンディは、もう削《けず》らなきゃいけない」っていう時期が来てたようなことは事実なんで。それは、ある意味では、しかたがないかもしれない。

ただ、「中国の潜在力《せんざいりょく》、成長力を少し甘《あま》く見てたかなあ」っていう。日本のほうは、「中国のほうだって、それはやらなきゃいけない」っていうことを、もし、そのころから、ずっと言い続けてたらねえ、たぶん、あそこまで巨大化《きょだいか》はしなかっただろうねえ。

日本のは、ある程度、しかたがない。だって、大川総裁も言ってるとおりに、大川総裁がニューヨークにおられたころに、もう、「一ドル百円で、自分たちは生活していた」って言ってるんだから。「一ドル三百六十円」なんかを、いつまでも置いておけるわけはないので。

それは、輸出がね、ものすごくしやすい状況《じょうきょう》だよね。要するに、「三分の一以下の値段で、安売り、ダンピングしてる」っていう状態が続いてたわけで。アメリカは〝横綱《よこづな》〟だから、そういう、舞《まい》の海《うみ》みたいな、「猫《ねこ》だまし」とかさあ、「八艘《はっそう》飛び」とか、なんかそんなのも許していたけども。

横綱になったら、やっぱり、堂々と、がっぷり四つに組んで投げないといけなくなるんでね。それは、相撲《すもう》の取り方が変わってくる。そういうことではあったんで。まあ、あれがよかったかどうかは、もう、結果的に見れば、あんたのおっしゃるとおりかもしらんけど、中国のところを考えている人が、まだ、誰《だれ》もいなかったんだ、あのとき。

「関税」という〝ハンディ〟も取られていった

加藤　プラザ合意のころは、もう本当に、日本が絶頂期のときでした。敗戦直後には、ずいぶん、アメリカのほうから、逆にハンディをもらっていたのですけれども、「そろそろ、日本としても、ハンディは返してあげなくてはいけない」という。

中曽根康弘　そう、そう、そう。

加藤　その感覚は、私も分からなくもないです。ただ、やはり、「大きな政治的判断の影響《えいきょう》は、竹下《たけした》さんも含《ふく》めて分かっていらっしゃらなかった」と言わざるをえないと思います。

中曽根康弘　うーん……。あと、日本には、「戦後の産業を育てなきゃいけない」っていうこともあって、関税障壁《しょうへき》もそうとうあってねえ。もう、牛肉、オレンジから始まって、いろんなものを入《い》れないようにする関税がいっぱいあったのよ。まあ、今も、関税の話はいっぱいやってるけどねえ。

だから、「オーストラリア産の牛肉」とか「オレンジ」とかねえ、こういうのが自由に入ってきたら、日本の農家の、「牛農家が潰《つぶ》れる」とか、「愛媛《えひめ》みかんが潰れる」とか、なんかいろいろあってさあ。そういうのが入ってこなかったのも、だんだん自由化されていったし。まあ、ハンディがいろいろ取られていった流れではあるんだ。

だから、今、遅《おく》ればせながら、中国が、アメリカに無茶苦茶《むちゃくちゃ》に揺《ゆ》さぶられているんでね。もう、「ハンディなしだぞ」っていうことかな。これ以上与えたら、あちらのほうが大きくなりすぎるからな。

いやあ、このへんの考え方は、実に難しい。

中曽根元首相も認める「当時の日本が失敗したところ」

中曽根康弘　ただ、われわれのミスがあったとすれば、一九八五年段階で、まだ、「日本の繁栄《はんえい》・発展は来世紀も続く」と思っていたっていうところだなあ。

ただ、まあ、財政赤字はまだ百兆円ぐらいだったのに、それを大問題にして「土《ど》光臨調《こうりんちょう》」をやってね。それで、「売上税も導入しよう」なんてしてたの。今のに比べたら。一千百兆円の赤字で、消費税がやっと十パーですか。こういうのを見ると、何かが大きく間違ってたような感じはあるねえ。

大川裕太　今、アメリカのトランプ大統領は、アメリカ国内での工場を増やし、雇《こ》用《よう》を増やし、メイド・イン・アメリカの製品をつくろうとしています。「日本もそのようにすべきである」と幸福実現党は発信しておりますので、プラザ合意のあと、産業の空洞化《くうどうか》が起きてしまったわけですが、「むしろ、国内に、もっと雇用を増やさないといけない」という流れが結果的に正しかったと思うのですけれども。

中曽根康弘　ああ、そこ、失敗したんだよね。だから、生産拠点《きょてん》を外国に移してね
え、外国の工場でつくれば、安い人件費でつくれる。
これが、中国を利したし、他のアジアの国も利して、彼らにとっては、よかった
面もあるんだけどね。それから、韓国《かんこく》だって大発展したと思うけどねえ。
ただ、これが、日本の国防の脅威《きょうい》になったと思うし。まさかねえ、あの時点で、
「日本がGDP二位から三位に転落する」っていうのは、考えてる人はいなかった。
だから、いやあ、私が首相していたときの感じは、中国が全部合わせて、東京都
のGDPの……。

加藤　日本の十分の一でしたかね。

中曽根康弘　ねえ？　十分の一ぐらいしかなかったから。それは、人口から見りゃあ、経済力としては……。

加藤　百分の一。

中曽根康弘　百分の一ぐらいだよねえ。相手にならないぐらいの“歩《ひょこ》”だったからさあ。うん、「歩《ふ》」なのよ。ただの「歩」だったからさあ。

まさか、そこまでは思ってなかったね。あの鄧小平《とうしょうへい》っていうのが、あれほどの曲者《くせもの》だったとは思わんかったねえ。

「やっぱり、大川隆法を自民党に入れとくべきだった」

綾織　もし、これから、日本が中国のＧＤＰを超《こ》えていく戦略を打てるとしたら、中曽根先生の場合は、何をされるおつもりですか。

中曽根康弘　いやあ、それは、内務省だからね。それは、経済は、そんなに詳《くわ》しくはないんで（苦笑）、君らのほうに教えてもらわないと。いやあ、大川総裁に、それは教えてもらわないといけないんで。

うーん……、何だろうねえ。後藤田正晴《ごとうだまさはる》さんが言ってたように、やっぱり、大川隆法を自民党に入れとくべきだったねえ。彼は、ちょっと、そういうことを言っとったが。

綾織　まあ（苦笑）、それは……、また、少し使命が違います。

中曽根康弘　入れとけば、経済は、もうちょっと見えたのかもしれないなあ。ちょっと惜《お》しいことをしたなあ。

7　小泉《こいずみ》改革と安倍《あべ》政権への採点

「郵政民営化」をどう見ているか

綾織　国内の政治の部分で言うと、一九八〇年代の民営化路線は、その後、非常に大きな成果を生んだのですが、残念なのは、小泉《こいずみ》改革があって、郵政民営化をやって、その結果がよいのか悪いのか、よく分からないということです。

中曽根康弘　判定不能だねえ。あれは、いったい何だったの？　ヒステリー政治だよね。「小泉ヒステリー政治」で、なんか、「ワンフレーズ・ポリティックス」とかで、受けちゃったんだけど。

山本太郎《やまもとたろう》が引き継《つ》いでるんじゃないの、今。なんか、そんな感じに見えるな。

綾織　やはり、民営化とか、自由化の流れというのを、あまり肯定的《こうてい》に受け止めなくなってしまっているということが、非常に残念なところです。

中曽根康弘　あれは、ちょっとね、いや、私らの、「国鉄の民営化」は、結果的にはよかったと思うんだよ。累積《るいせき》赤字もすごかったし、競争するようになって、サービスが格段によくなったわな。まあ、あれはよかったと思う。

大川隆法総裁とかは、ちょうど、その民営化前ぐらいに大学を終わられて、ちょっと上の先輩《せんぱい》までは「国鉄」に就職して、そのあとが「ＪＲ」になってるころだと思うんだけど。あれは、まあ、ある程度、成功したし、民営化していいものは、ほかにもあったと思うんです。

クロネコヤマトみたいなものも、ねえ？　郵便局の代わりにやったことはいいことだったと思うし、国鉄が使ってたチッキみたいなので、一緒《いっしょ》に荷物を運ぶみたいなのが変わっちゃったのも、あれもよかったと思うけど。

小泉さんの郵政民営化は、要するに、山のなかの人のまで手紙を届けてくれて、小包を届けてくれて、やってくれた郵便局がね、なんか、普通《ふつう》の銀行サービスになりゃあ、みんな駅前に集まってくるよね。そちらのほうになっていくことなんで、あれは採算を取れなくても、要するに、地方と東京の格差や、地方のなかでも、特に寒村《かんそん》っていうか、そういうひなびたところは、やっぱり、ああいう郵便局のようなものが非常に役に立って、安心だった。サービス、安心で、老人の孤独死《こどくし》なんかを郵便局員が防いでいたところはあるんだよ、ほんとに。

だけど、ああいうのは、結果検証は、まだ十分できてないんじゃないかなあ。もしかしたら、悪くなってるんじゃないかなあ。

お金だってねえ、おじいちゃん、おばあちゃんとかは、やっぱり、郵便局の人が郵便配達のついでに通帳で預かってくれたりしたら、ありがたかったこともあったからねえ。コンビニだって、山のなかにはないよ。やっぱり、駅前じゃないと。

「東大嫌《ぎら》い内閣が長期政権をつくっている」

加藤　小泉政権以来の長期政権となっているのが安倍《あべ》政権です。一次とまたいでですが、安倍内閣は、中曽根内閣の五年も超《こ》える歴代最長期政権になっています。あの世に還《かえ》られたところで、忌憚《きたん》のないところで……。

中曽根康弘　一日（笑）、一日で……。

加藤　（笑）死後一日ではございますけれども。

中曽根康弘　一日で、判断ができるかどうか……。

加藤　安倍政権については、今、何点ぐらいの採点で、どのように思っていらっしゃいますでしょうか。

中曽根康弘　うーん。まあ、それは、明治以降、最長不倒《ふとう》記録をつくったっていうんでは、あっちもそうとうなもんだとは思いますけどねえ。

まあ、どこにそんな才能があったのか、私もよく分からないんだけどねえ。で、エスカレーターの成蹊大《せいけいだい》かなんかだろ？　成蹊大卒の有名人って、彼以外、誰《だれ》か挙《あ》げることができるか？

だから、それは、どこに才能……、どういう才能があったのか。魂的《たましいてき》な力があったのか。運がいいのか。

あの……、いや、今、厳しいんだよねえ。君ねえ、東大法学部にとっては非常に厳しいことには、「東大嫌《ぎら》い内閣」が長期政権をつくってるんだよなあ。「東大出は無能だ」という意識を潜在下《せんざいか》にみんな送って送ってしてるんだよな。失脚《しっきゃく》させて、どんどん潰《つぶ》していってるからさ、官僚《かんりょう》も含《ふく》めてね。

「教養」に使う時間が短くなってしまった戦後教育

中曽根康弘　いやあ、これは、戦後教育にちょっと弱点はあったんだけどね。私ら旧制高校経験者たちは、まあ、旧制高校に入るのも難しかったんだけど、入ったあと、東大に行くのは、そんな難しくなかったんで（笑）。何と言うか、無試験でも入れるところ、枠《わく》があってね。各旧制高校の枠があったから、成績が一定取れていたら入れたんで、「教養」を積む時間がね、旧制高校時代にけっこうあったんだよ。

これが、やっぱり、人物としての大きさをつくるところがあったんで。文学者でもね、みんな、そうだろ？　森鷗外《もりおうがい》だろうが、夏目漱石《なつめそうせき》だろうが、芥川《あくたがわ》龍之介《りゅうのすけ》だろうが、みんな、教養が違《ちが》うわなあ。今の作家と比べて、全然、教養が違う。世界的レベルで教養を持ってるよね。

政治家も、そうだったんだよ。軍人の偉《えら》い人も実はそうだったんで、教養を持ってたんだよ。

この部分が、ちょっと「受験のテクニック」、まあ、塾《じゅく》の発展もあったけど、予備校とかの発展もあったが、テクニック論に走りすぎて、その「技術」に使う時間がちょっと長すぎて、「教養」のほうに使う時間がちょっと短かった。

昔の勉強ったってねえ、やっぱり、入試の一年ぐらい前にね、ねじり鉢巻《はちま》きで必死で頑張《がんば》ったけど、それより前に、四年も五年も前から、入試の勉強を始めるっていうことは、まあ、なかったからね。

この、塾でのプリントで、この教養の部分が入れ替《か》わった部分は……、私はよくは知らないけどね、あったんじゃないかなあとは思うんだ。

君、どうだい？

大川裕太　おっしゃるとおりです。
大川総裁は、中曽根首相を哲人《てつじん》政治家というように評されていますが、実際、今の学校教育に基《もと》づく社会制度では、入り口では評価されても、「その後、どれだけ勉強したか」というのが分からないようなものです。また、「人間関係力《にんげんかんけいりょく》」について政治評論では一般《いっぱん》的に、官僚出身の政治家は、人間関係が得意でないというように言われております。

中曽根康弘　それに、商売してできる人がいないわね。

大川裕太　はい。

そのようなかで、中曽根元首相は、本当に、まれに見る「キャラクター」であられたと思います。

中曽根康弘　いやあ、官僚で人間関係力がありすぎた人っていうのは、文科次官の前川喜平《まえかわきへい》、麻布《あざぶ》の先輩か?

大川裕太　はい。そうですね。

中曽根康弘　……ぐらいはねえ、人間関係力がありすぎたわなあ。

底辺層の生活実態を見るために、歌舞伎町《かぶきちょう》に中高時代から通って、社会見学をしておったっていう、すごい濃《こ》い人間関係を維持《いじ》しておられて、まあ、うちと関係がないわけではないですけど、実を言うと。

まあ、そういう方も一部はいるけど、たいていの場合は、塾漬《づ》けでね、ほかのところへ行ってない。塾と家との往復ぐらいで終わってたからね。

まあ……、能力に余力がなかったっていうかなあ、技術的なところでの時間を取りすぎてたところはあったわなあ。ちょっと残念だなあ。

「ポピュリズムは、左にも右にも両方ある」

大川裕太　私が、中曽根首相の人生を勉強させていただいて、不思議だと思うのが、お若いときは「風見鶏《かざみどり》」というように、佐藤栄作《さとうえいさく》首相の批判をされていたのに入閣されたり、田中角栄《たなかかくえい》首相と、もともとは近い関係ではなかったけれども、その後、接近され、ご自身の派閥《はばつ》ではなくて田中派から、後藤田《ごとうだ》副総理を招き入れられたり、このように、ある意味で、日和見《ひよりみ》的に動いているように見えるところがおありなのと、その一方で、強く信念を貫《つらぬ》くところがあられたところです。この二つは、どのように両立していらっしゃったのでしょうか。

中曽根康弘　うーん……。いや、自分の理想は、理想っていうか、信念というものは持ってたけど、それがメジャーでなかった。

今でも、君たちも苦労していると思うけど、リベラル派っていうか、左翼《さよく》系の論《ろん》陣《じん》、あるいは、マスコミっていうのは、けっこう強いよな。で、保守のやつは薄《うす》いよね。ちょっとしかなくて、それも狭《せま》い範囲《はんい》でしかいないんだけど。それに、小粒《こつぶ》になってきてるよな。大物がだいぶ亡《な》くなったから、小粒になったけど、左のほうは強いんだよねえ。

やっぱり、数が多くなる傾向《けいこう》が……、要するに、何と言うか、「虐《しいた》げられていて、不幸で、貧乏《びんぼう》だから、お金を撒《ま》け」という層のほうが、どうしたって人数的には多くなるんだよね。

だから、左派リベラリズム的なことを推進するような言論をやると売れるし、いいことをしてるエリートみたいに見えるっていうところがあって。これが、まあ、今、ポピュリズムというのは反対のことをよく言われてるけど、こちらのポピュリズムも、実際、ポピュリズムだよな。

それと戦わなければ、政治的に勝てない面があって、信念を貫きたいのと、そのポピュリズムっていうか、迎合《げいごう》的な政治をしなきゃいけないのとの間で、政治家として、やっぱり揺《ゆ》れるものはあったわなあ。現実に信念だけで、露骨《ろこつ》にやれば、だいたい、批判がすごく出てきて、孤立感が出てくるっていう感じかな。

だから、ポピュリズムは、左にも右にも両方あるんだけどね。右だけじゃないよ? 安倍さんだって、それはポピュリズムはあるけど、山本太郎だって、ポピュリズムの最たるものだよな。もう左翼系が喜ぶようなことをいっぱいやってるじゃないですか。

まあ、それは、障害者の人権を護《まも》ったり、サービスをよくしたり、福祉《ふくし》をよくしたりするのはいいことだと思うよ。

だけど、「じゃあ、国会の過半数を障害者で埋《う》めたらいいか」っていったら、そうじゃないでしょう。それは違うでしょう。何か違ってる。な? それは違うところがあるから。人気取りとしてはいいけどさあ。

あるいは、障害者も、全体で比率で言えば十パーぐらいいるんじゃないかとも言われてるから、「国会議員の十パーセントを障害者にしろ」っていうような意見だって、まあ、比例的に見りゃあ、ありえるのかもしれないけど、やっぱり、どちらかといえば、国会議員は、全国を飛び回って、お世話しなきゃいけないほうだからね？

大川裕太　はい。

中曽根康弘　やっぱり、そんなに多くなっちゃいけないだろうね。

8　アメリカと中国の「覇権戦争《はけんせんそう》」の行方《ゆくえ》

「トランプ大統領評」を伺《うかが》う

綾織　ポピュリズムというところで、トランプ大統領も、そのように言われるのですが、中曽根先生からご覧になって、政治指導者としてのトランプ大統領というのは、どのように見えるのでしょうか。あまり、トランプ評というのを伺《うかが》ったのは見たことがないのですけれども。

中曽根康弘　まあ、新しいし、私は、もうだいぶ年を取ったため、よく分析《ぶんせき》できなかったんで、よくは分からなかったんだけど、今の感じ、まあ、大川総裁のおっしゃる判断を信じるとすれば、やっぱり、なかなか腕《うで》の立つ方ではあるのかな。

ただ、私らのような、官僚《かんりょう》から政治家になった人間にとっては、ちょっと分からない部分が……。やっぱり、実際の実務家として、実業家として成功して、トランプタワーを建てられるような能力、トランプホテルを建てられるような能力を持ってる方が、大統領をやると、われわれと、どういうふうな考えの違《ちが》いが出てくるのかについては、まあ……、分からないよ。

だから、「政治の素人《しろうと》」っていう言い方もあって、政治をやるのは、官僚出身とかで、まあ、法律？　法律に精通していて、解説ができるような人がっていうふうな考え方もあるしね。

例えば、角栄《かくえい》さんみたいなのは、確かに、ニクソンなんかと似てるみたいな言い方もされてたこともあるんで。アメリカでも、そういうふうな、実業家上がりの人とか、あるいは、軍人でも、何と言うか、最高司令官みたいなのをやったような人を大統領候補に推《お》してくる傾向《けいこう》はあるんですけど。何であっても、やっぱり、実績？　この世的にそうとうな勝ち戦《いくさ》をした人は認めるというのはあったけど。

まあ、日本の国会とマスコミのせいなのかもしらんけど、そうした法律の細《こま》かい点についてはあれこれとやるけど、大きなところについて、大胆《だいたん》にガサーッと変えるようなことは分からないのでね。

マスコミも、アメリカ・ファーストを言ったら、もう、すぐエゴイストだと、こういう言い方をしてくるが、いちばんの敵はCNNなんだろう？　でも、まあ、CNNの影響力《えいきょうりょく》っていうのはわずか数十万程度だから、日本のマスコミで言やあ、CNNの力っていうのは、うーん、まあ、人口がちょっとあちらが多いから、一緒《いっしょ》じゃないとはいえ、うーん……、産経新聞一紙の力もないんでないかなあ。それくらいの力だと思うんですよ。

どちらの「国内法」が「国際法」として認められるかの戦い

綾織　トランプ大統領が、もし、当選して、二期目もこのままやっていくとするならば、中国共産党の体制を、もしかしたら、壊《こわ》すところまで行くかもしれないという見方もあります。
そうなると、レーガン大統領がソ連を崩壊《ほうかい》に導いたような、そういう役割を果たすことになると思うのですが、その観点からは、どうでしょうか。

中曽根康弘　やるでしょうねえ。台湾《たいわん》関係法から、香港《ホンコン》人権法と攻《せ》めてきてるから。いや、今、中国と、何て言うのかなあ、中国が嫌《いや》がる……、中国は「国内法」を「国際法」にしようとするところだけど、アメリカも「国内法」を「国際法」にできる国で、どちらの国内法が国際法として認められるかっていう戦いだよな？
「香港人権法っていうのを、アメリカ国内で、議会で議決する」っていう……。まあ、おかしいことはおかしいわけで。理屈《りくつ》的に言えば、習近平《しゅうきんぺい》たちが言ってるようにだねえ、「中国の国内問題をアメリカの議会で決めるなよ。法律で決めてくれるな。そんなもの適用できるか」っていうのは分かるけど、中国も、実はやっているわけで。

中国の国内法が国際法だっていうのが彼らの考えで、世界に通じさせようとしてるから、まあ、覇権《はけん》戦争だよな？　ある意味でね。

だから、これは、アメリカは、トランプさん以外の小物では、ちょっとじゃないけど相手できないんじゃあないかと思うから、まあ、よっぽどのことがないかぎり、二期当選は確実だろうと思うけど。あと五年ぐらいか？

綾織　はい。

中曽根康弘　あと五年あれば、習近平体制は潰《つぶ》すんじゃないかな、たぶん。潰せると思うなあ。

綾織　はい。

この一年で知られるようになったウイグル問題

中曽根康弘　香港のは、もう、みんな知ってるけれども、あのウイグル？　この一年でねえ。去年は、あんまりそんなに知られてなかったのに、この一年で、ずいぶんウイグルの問題も知られるようになった。

大川裕太　確かに。

中曽根康弘　あなたがたも努力したと思うけど、ウイグル問題からチベット問題、その他、そうとうひどいことをなされてるっていうことが分かって。トイレの様子まで、もう、カメラで監視《かんし》されている状況《じょうきょう》だしねえ。

それから、日本のほうも来たわねえ。なんか、電気……、じゃない。シャープやソニーなんかの部品が、監視カメラに使われているっていうのから始まって、ユニクロとかの安い製品は、ウイグルの搾取《さくしゅ》によってできてる、ウイグルの安い人件費でできてるとか、こんなことがバレてき始めて、今、日本企業《きぎょう》にも被害《ひがい》が来ようとしてるからね。

これは、日本も見直さなきゃいけないところがあるけどねえ。

9 「安倍《あべ》政権後」と「幸福実現党への助言」

ポスト安倍を読む

加藤　今のはトランプ大統領のお話でございましたが、翻《ひるがえ》って、わが国日本においては、安倍《あべ》政権が最長政権になっております。そのあとのポスト安倍のところについて、中曽根先生はどのように見ていらっしゃいますか。もしくは、多少、前回の守護霊霊言《しゅごれいれいげん》のときもお伺《うかが》いしたのですが、目をかけている、気にしている政治家はいらっしゃるのでしょうか。

「次のわが国のリーダーはかくあるべし」ということについても、少しお話しいただければと思うのですが。

中曽根康弘　まあ、本当は、前回までの地方議員選の投票から見りゃあ、石破《いしば》が一番だったこともあるから、石破君がならなきゃいけないところだけど、まあ……、人気がないわなあ、あんまりなあ。景気が悪くなるような顔をしてるから。テレビに出れば、景気がどんどん冷え込《こ》んでいく顔だから、そういう意味では選ばれないんではないかと思う。

小泉進次郎《こいずみしんじろう》は好きだろうから、みんな持ち上げたいだろうけど、「さあ、偉《えら》くなれるか、撃《う》ち落とされるのが早いか」っていう戦いだわな。本人も、今は慎重《しんちょう》に研究してると思うよ。何とか五十ぐらいまでもたして、五十ぐらいまで大臣をしながら……。安倍さんは五十二ぐらいになったかねえ。だから、「何とか五十ぐらいまで撃ち落とされずに生き延びて」って、本人は策を弄《ろう》して考えてるところだろうな。

まあ、安倍さんが、あと二年以内で辞《や》めてくれるかどうか。うーん、もうちょっと、さらに院政を敷《し》こうと頑張《がんば》るかは分からんが、もし、指名するとしたら、自分が嫉妬《しっと》しない人を選ぶはずなんで。自分が嫉妬しないで、多少、国民の受けがよくて、ポピュリスト的な面もあって。

安倍さんのいちばんの売りは「外交」。「外交」が売りで、あと、「経済」が売りか売りでないか、今、ちょっと微妙《びみょう》に分からないところにあるけど、まあ、本人としては「株価を上げた」という実績はあるんだろうけど。

安倍が指名するとしたら、岸田《きしだ》だろうねえ、基本的には。

加藤　うーん……。長期政権のあとは、だいたい短期政権になるとも言われていますので、そのあとは再び、安倍さんが復権するのではないかという話もありますがね。

中曽根康弘　うーん、岸田は何も仕事をしないで、粘《ねば》ると思うよ。年数を粘ろうと、たぶん頑張るとは思うが、あとはちょっと分からんねえ。〝乱戦〟状態だから、また〝短いのが回転していく〟可能性がある。

まあ、「菅《すが》さんが……、官房長官《かんぼうちょうかん》がやる」とかいう説もあるけど、これはねえ、偽《にせ》情報だと思いますね。攪乱《かくらん》情報で。安倍さんより年上ですから、そんなのありえない話で。

菅さんが次期総理候補ということで、ほかの候補の芽を潰《つぶ》そうとしてる、あれは。そう言って、菅さんも色気《いろけ》があるように見せて、安倍政権を続けさせて、ほかの候補を潰そうとしてるんです、あれは。「菅さんがなるかも」と言ったら、今のライバルになるやつはみんな潰せるので。そのためにやっているんで、たぶん、菅さん自身はなる気はないでしょう。

分《ぶん》は知ってるよ。あんたねえ、秋田から集団就職で上京して、夜間の学校を出た人が総理なんかなったら、田中角栄《たなかかくえい》の二の舞《まい》になるぐらいのことは本人も知ってるから、避《さ》けたいと思っていると思うんで。たぶん、一緒《いっしょ》に身を引くと思うよ。

大川隆法と面識のあった後藤田正晴氏

大川裕太　やはり、安倍政権がまだ持続しているのは、大川隆法総裁先生が、ずっと保守の言論を発信され、この国を保守の方向に持っていこうとされているからだと言えますし、私たち幸福実現党が、この国の経済や国防について、意見を発信し続けているからだと思います。

中曽根康弘　うん、まあ、そういう面はあるな。

大川裕太　はい。その流れで行けば、本来、私たちが政権を取らなければいけないところであり、何かアドバイスを頂ければ、本当にありがたいのですけれども。

中曽根康弘　いやあ……、今となっては、もう、かなり難しくなってきつつあるんだけどなあ。
後藤田正晴《ごとうだまさはる》がねえ、学生時代の大川隆法を知ってたんだからさあ、個人的に。娘《むすめ》を無理やり押《お》しつけときゃあさ、政治家にできて、自民党から立候補させておれば、鳩山《はとやま》が総理になったときに大川隆法が対抗馬《たいこうば》で出てきて、あっちをぶっ潰して、今ごろ上がってたはずなんだよなあ。

大川裕太　はい（笑）。

中曽根康弘　やっぱり、後藤田に欲が足りなかったところが大きいなあ。その失敗は大きい。

大川裕太　いやあ……（苦笑）。

中曽根康弘　それを、一世代ずれてやれるかっていう。今、この年から政治のほうで奪還《だっかん》するのは、もうそろそろ難しかろうから、ちょっと遅《おく》れたわなあ。若い時代に、政治家のほうに最初から道を切っとれば、行けたんだが。

大川裕太　大川総裁は宗教家でいらっしゃって、そちらの使命がとても大きかったので、やはり、現実のものは弟子《でし》のほうで多少進めていかないといけない面があるかと思います。

幸福実現党に必要なのは「カリスマ的な人気」

中曽根康弘　うーん、まあ、君にカリスマ性でも出てきたらねえ、いいんだが、今のところ、ちょっと少なそうだなあ。

大川裕太　努力させていただきます。

中曽根康弘　うん。君ねえ、もうちょっと、やっぱり、鏡の大きいのを入れてさあ、毎日、シェイプアップに励《はげ》んでさあ、それから、人に気に入られるトーク術とか、そういうのをもうちょっと勉強してさあ。

やっぱり、ご婦人がたの人気を得る方法とかねえ、そういうのをもうちょっと勉強したほうがいいんじゃないかなあ。

大川裕太　はい。おっしゃるとおりです。

中曽根康弘　うん、もうちょっと、何か「カリスマ的な人気」が出てこないとさあ。小泉進次郎の甘《あま》いマスクに負けて、もう、けっこう、ねえ？　あんな実績もないのに、もう、総理候補の一番か二番かにつけてるんだからさあ。ちょっと、その集票能力を上げなきゃ駄目《だめ》だよ。

大川裕太　はい。

中曽根康弘　ああ。ねえ、君、ダンディズムをもうちょっと勉強して、頑張るべきだよ。

大川裕太　はい。かしこまりました。

中曽根康弘　三島由紀夫《みしまゆきお》に倣《なら》ってさあ、ボディービルに剣道《けんどう》をやって、モリモリの体を見せるとかさ。

大川裕太　はい（苦笑）。そうですね。

中曽根康弘　なんかできないのか、ちょっとは。ええ?

大川裕太　ちょっと体を鍛《きた》えます。

中曽根康弘　もうちょっと人気を出さないとな。

大川裕太　はい。

中曽根康弘　君たち、硬派《こうは》で言論は立つんだけど、人気がちょっとなあ、足りねえわな、どう見てもな。

ポピュリズムが嫌《きら》いなのは分かるんだけど、うーん……。まあ、宗教家の立場で、神の言葉として伝えるのは、ちょっとしかたがない面はあるが、現実に政党をやるほうの側は、「そうは言っても、おばちゃんねえ」って言って、抱《だ》き込んでいくあれをやらないとね。

「うちの息子《むすこ》を戦場に出すって言うんですか」って言われたら、「ええ、そうです」とか言う、こんな感じではなくてですねえ、やっぱり、もうちょっと、「いや、そういうふうなことにならないように、抑止力《よくしりょく》っていうのを理論的につくる必要があるんです。抑止力っていうもので、戦場に出ないでも、戦わないでも、日本の国が護《まも》れるような体制を、幸福実現党は目指しているんです」みたいなことを、ちゃんと言えるような感じにしないといけないわけよ。

みんなで、靖国《やすくに》一直線みたいな感じでダーッと行って、〝うーん〟ってやってるけど、これ、どこかで叩《たた》かれるようになるかもしれないから。そのへんの兼《か》ね合いを考えたら。

票にはならないからね。君らが靖国に行っても、日本神道《しんとう》系が全部票を入れてくれるなら、行ってもいい。ただ、今のところ、そんなに入れてくれるようには見えないから、靖国に行くよりも、やっぱり、直接神社に行ったほうがいいなあ。神社回りしたほうが。神社の祭りとかさ、そんなときにねえ、お手伝いに繰《く》り出していくとか、なんか懐柔《かいじゅう》していくほうが、まだ票になる可能性はあるわね。

とにかく、君らの苦手《にがて》なところで、勉強好きの人は、もう特に苦手なんだけど、「武士の商法」になってるから。そのへん、もうちょっと頑張れやなあ。

大川裕太　はい。肝《きも》に銘《めい》じます。

綾織　ありがとうございます。

10　過去世《かこぜ》について

日本人の宗教意識を高めなければいけない

大川裕太　だんだん時間も迫《せま》ってまいりましたので、霊的《れいてき》なところについてもう少しお伺《うかが》いしたいのですけれども。

中曽根康弘　ああ。

大川裕太　前回、守護霊《しゅごれい》様にご降臨いただいたときに、過去世《かこぜ》として、仁徳《にんとく》天皇と、それから、藤原道長《ふじわらのみちなが》というお名前も挙《あ》がっておりました。

中曽根康弘　うん。

大川裕太　これから守護霊のみなさまがたがお迎《むか》えに来られるのかもしれませんけれども、今世《こんぜ》のご使命を振《ふ》り返られて、総括《そうかつ》を頂けましたら幸いです。

中曽根康弘　まあ、一日なんで、これから何かお裁きがあるのかどうか、ちょっとまだよく分からないんで。お白洲《しらす》に引き捨てられて、閻魔《えんま》大王の裁きとかあったら困るから、ちょっとよく分からんね。今のところは、大丈夫《だいじょうぶ》かなとは思ってるんで。まあ、高天原《たかまがはら》が、今、〝修復中〟だとのことなんで、高天原にお布施《ふせ》をしなくちゃいけない。お布施をしなくちゃいけないんで。

高天原にお布施をするとはどういうことかということだけど、日本人の宗教意識を、もうちょっとね、高めなきゃいけないんじゃないかねえ。

皇室をどう見ているか

中曽根康弘　皇室も、ちょっと〝浮《う》いてる〟わな、はっきり言って。で、皇室も民営化じゃないけど、なんか、民間人風に動くことで評判が得られると思ってやっとるわねえ。だから、皇室の、特に秋篠宮《あきしののみや》家あたりのお嬢《じょう》さんがたが、かなりご自由な動き方をなされて。ああいうのは、皇室の足を引っ張る可能性がかなり高いわね。あと、「雅子《まさこ》さま攻撃《こうげき》」だって、いったん止んでいるけど、これ、もしかしたら、復活する可能性はないとは言えないんで。

だって、お好きでないのはよく知ってるから。日本神道《しんとう》、たぶんお好きじゃない。たぶん、日本の神道の神様がたと相性《あいしょう》が悪い。で、嫌《きら》いでしょ、たぶん。古式ゆかしい日本のやり方。

お父様、小和田《おわだ》のお父さん自身が、もう嫌いなんだから、そういうの。洋風化して、洋風かぶれしてるからね。全部洋風化していきたいだろうと思うのよ。

だから、たぶん、そのへんで抵抗《ていこう》は出てきて、天皇陛下《へいか》がねえ、もし、それをあんまりお聞きになられるようだったら、ちょっと、周りから批判、保守系からの批判は出てくると思うので。皇室の〝舵取《かじと》り〟も、けっこう難しいだろうねえ。

いや、別にねえ、君らが皇室の敵になってるとは思ってないよ。まあ、批判もなされてはいると思うけれども、「もうちょっと本来の立場に立て」と言ってるんだと思うんだよね。

だから、伊勢神宮《いせじんぐう》にお参りに行ってもいいけど、「その意味が分からないで行ってるんじゃあ、皇室じゃない」って言ってるんでしょ？ 「ちゃんと、皇室として伊勢神宮にお参りする意味を理解した上で行け」って言ってるわけでしょ？ 「マッカーサーの詔《みことのり》なんかに、そんな威神力《いじんりき》はないんだ」ということを言ってるんで。これを君らが破ってくれてるんだから。だから、本当にそのつもりでちゃんと行けばいいよ。

やっぱり、十二単《じゅうにひとえ》を着てオープンカーで走るっていうのは、ちょっとよくないなあ。伊勢神宮の前でねえ。あんまり好ましいとは言えないねえ。

外国での転生《てんしょう》は、英国の〝あの王〟の父

綾織　すみません。中曽根先生の転生《てんしょう》なんですけれども、藤原氏に藤原道長として生まれていたと思うんです。

中曽根康弘　うん、うん。

綾織　もうお一方、その祖先である方にも生まれていたと守護霊様が言われていました。それは、藤原不比等《ふひと》さんという理解でよろしいんでしょうか。

中曽根康弘　うーん。藤原不比等は、ほかにいるかもしれないね。

綾織　あっ、そうですか。藤原氏でまた生まれていたわけではないんでしょうか。

中曽根康弘　うーん。まあ、ちょっと……。まあ、日本の歴史も長いのでねえ。うーん。でも、ちょっと、日本以外も少しだけあるような気はするんで。

綾織　あっ、はい、はい。

中曽根康弘　そのころだと、なんか英国に生まれてるような気がするんだがなあ。

綾織　あっ、そうですか。イギリスでも、建国的な位置づけになりますね。

中曽根康弘　そうだねえ。時代的にはアーサー王の時代あたりになるね。

綾織　あっ。

中曽根康弘　アーサー王や円卓《えんたく》の騎士《きし》とかが有名だと思うんだけど、アーサー王のお父上がいらっしゃると思うんですよ。これは、調べればお分かりになると思います。イギリス人とかには、もう、そのあたりが神武《じんむ》天皇ぐらいに見えていると思いますが、そのあたりに一つあるような気がしますねえ。

まあ、一日目だから、まだちょっと……。もしかしたら違《ちが》ってるかもしらんけど。まあ、そのように、外国も少し経験があるような気がします。

綾織　なるほど。はい。

「ずばりの坊《ぼう》さん」の過去世《かこぜ》はなかった

綾織　「座禅《ざぜん》をされていた」という意味では、もしかして仏教関係もあられるんでしょうか。

中曽根康弘　うーん。こちらはちょっと〝フェイク〟だったな。

綾織　そうですか（笑）。

中曽根康弘　（笑）少し外向けのあれで、坊《ぼう》さんっていうのはないなあ（笑）、やっぱり。

綾織　ああ、なるほど、なるほど。

中曽根康弘　うーん。どうも、ないみたいだなあ。

綾織　外護《げご》するほうとかで、あるのかなとも思いました。

中曽根康弘　うーん。坊さんはないな。もちろん、仏教国でもあるから、それを何らかの意味で外護するっていうことは、ありえることではあるけど、「ずばりの坊さん」はなかったような感じがする。

仁徳《にんとく》天皇の時代より古い九州王朝時代にもいた

綾織　日本の神話時代というのもあられるのかなと思います。

中曽根康弘　ああ、それはいる。いると思うよ。

綾織　はい。

中曽根康弘　ただ、君らは、どのくらいまで……。百二十六代、言えるか。

綾織　いえ（笑）、難しいです。

中曽根康弘　言えない？

綾織　あっ、そのなかにいらっしゃるという……。

中曽根康弘　いや、そのなかっていうか、そらあ、比較《ひかく》的早いうちにいなきゃいけないだろうな。だけど、それを今言って、分かるとは思えないが。暗記してるものがなんかあるかい？

綾織　前回は仁徳《にんとく》天皇というお名前を挙げられました。

中曽根康弘　ああ、それは、そんなに古くないよ。それは、わずか千何百年前だね。

綾織　はい。そこからちょっと古くなると、もう分からないです。

中曽根康弘　もうちょっと古くなるからな。でも、描写《びょうしゃ》すれば、すごい田舎《いなか》っぽいあれになるから。

綾織　はい、はい。

中曽根康弘　天皇っていっても、その当時の天皇は、まあ、酋長《しゅうちょう》みたいなもんかもしれないから（笑）、あんまり深く追及《ついきゅう》されると……。

綾織　宗教的な正統性はあるかと思います。

中曽根康弘　うん、うん。

綾織　はい。

中曽根康弘　うーん。おそらく、これは九州王朝時代にはいたと思えるなあ。

レーガン元大統領の霊界《れいかい》での状況《じょうきょう》

綾織　まだ霊的《れいてき》なことが分からない状態だとは思うんですけれども、他の方で、盟友であられたレーガン大統領は……。

中曽根康弘　ああ、あれ……。

綾織　どういう生まれ変わりなのかは分からないでしょうか。

中曽根康弘　レーガンさんか。

綾織　はい。

中曽根康弘　うーん。一日では少し難しい。

綾織　あっ、はい。

中曽根康弘　ちょっと待ってね。ちょっと訊《き》いてみるけど。ちょっと待ってくれるか。

（約十秒間の沈黙《ちんもく》）うん。「ちょっと徳的には及《およ》ばないが、リンカーンさんなんかの教えを受けるぐらいのところにはいらっしゃる」とのことではある。

綾織　あっ、そうですか。

中曽根康弘　うん。

綾織　分かりました。

藤原道長《ふじわらのみちなが》よりあとに女性としての転生《てんしょう》がある？

大川裕太　藤原道長《ふじわらのみちなが》様よりあとは、特にないのでしょうか。

中曽根康弘　あってもおかしくはないな。

大川裕太　そうですよね。

中曽根康弘　うん。あってもおかしくはない。うーん。道長は平安かあ。あってもおかしくはないが、あまり有名人ばかり言うのもちょっと疲《つか》れたから、もう……。うーん、もしかしたら、予想外のものがあるかもね、女性とか。ヘッヘッヘッヘッヘッ（笑）。

大川裕太　女性？　ええーっ。

中曽根康弘　だから、それは、ちょっと当てられまいて。ええ。

大川裕太　ああ、そうですか。

中曽根康弘　うん。あるかもしれないが。

大川裕太　でも、「権力を取っていく」というところでは、すごい力や、強い運をお持ちであられ、天上界《てんじょうかい》の計画された運命のなかに、いつもいらっしゃるように思います。

中曽根康弘　まあ、いいときだけを、みんな宣伝するけどね。それ以外は、みんな言わないからね。まあ、お姫様《ひめさま》ぐらいでは出ていたかもしれないね。

大川裕太　へえー。そうですか。

中曽根康弘　でも、あんまり格好《かっこう》よくないから、それは言わないほうがいいんじゃないか。

大川裕太　分かりました。

綾織　はい。ありがとうございます。

11 「日本人への最後のお言葉」──令和日本への指針

アジアの国々に対して、今の日本がなすべきこと

綾織　そろそろお時間となりますので……。

中曽根康弘　ああ。

綾織　最後に、やはり、「日本人への最後のお言葉」ということで、一言《ひとこと》頂ければと思います。

中曽根康弘　（経典《きょうてん》『中曽根康弘元総理・最後のご奉公《ほうこう》』〔幸福実現党刊〕を手に取

り）「最後のご奉公」、もう終わってるじゃん。これねえ、もーう、これ……。

綾織　はい、はい。

中曽根康弘　最後のこれ、これ、「最後のご奉公」の次はなあーに？

綾織　今後ともお世話になるといいますか……。

中曽根康弘　その後のご奉公。

綾織　「さまざまな導きを受けたいな」という気持ちがあります。

中曽根康弘　日本人に、最後か。チッ（舌打ち）。うーん。まあ、気分としては……、うーん。

やっぱり、台湾《たいわん》とか、タイとか、ベトナムとか、フィリピンとか、インドとか、このあたりと、ガシッとした経済繁栄《はんえい》の強い力を、なんかつくりたい感じはするね。アメリカもなかなか手が及《およ》ばない部分ではあろうからね。

でも、キーは、やっぱり、戦後体制の憲法九条問題から自衛隊問題、および、「それをどう経済的にリンクさせていくか」の問題ではあるわな。

総裁が「次は台湾を見捨てない」とかおっしゃってると思うんだけど、いやあ、それは、その言葉どおり、やっぱりやるべきだと思うよ。「日本は台湾を見捨てない」と言って、現実にそれを守る気持ちがあるのであれば。

おそらく、東南アジアの国々も、次、中国に侵略《しんりゃく》されるんで。南沙《なんさ》諸島、西沙諸島で海上基地をつくってるわな。爆撃機《ばくげきき》をこれに入れてるからね。これで次に爆撃ができるんだから、アジア諸国に関して。これ、止められないから。

アメリカがそこまでやってくれればいいが、そこまで信じられるかどうか、まだ彼らには分からないところで、「中国におとなしく朝貢《ちょうこう》外交でお仕えするしかないかどうか」っていう踏《ふ》み絵を迫《せま》ってくるから、習近平《しゅうきんぺい》はね。

だから、台湾・香港《ホンコン》のところで、日本はね、今の法律は変えられないかもしれないが、どこまで彼らに協力できるかを見せることで、それ以外の国に対する影響力《えいきょうりょく》は大きく変わってくると思う。

毛沢東派《もうたくとう》に取られているネパールだとかスリランカだとかは、経済援助《えんじょ》を絡《から》めて、毛沢東派、共産党が取り返してるから、この一年ぐらいで。これを、もう一回、引っ繰《く》り返さないといけないと思うんです。

引っ繰り返すにはどうしたらいいかっていうと、「経済支援」で引っ繰り返せるんですよ。日本のほうの経済支援が大きくなれば、これは引っ繰り返せる。

「このあたりを、共産党、毛沢東派が押《お》さえる」ということは、「次のチベット、次のウイグルになる」ということだからな。

インドを押さえるのを次の目的にしてるんで。ネパールと、例えばスリランカで挟《はさ》み撃《う》ちにし、ここの両方に中国共産党の橋頭堡《きょうとうほ》をつくって、次に、パキスタンにも何とか道をつけて。インド包囲網《ほういもう》作戦……、次の敵をインドと見て、インドに〝真珠《しんじゅ》の首飾《くびかざ》り〟をつけ、封《ふう》じ込《こ》めようとしていると思う。

ヨーロッパともつながって、その「インド孤立《こりつ》化作戦」を中国がもう始めてるんだよ。次を読んでるので、「次はインドが敵だ」と見てるから。

「アメリカは、勢力が後退していけば、ハワイまでは下がっていく」と見ているので。日本を骨抜《ほねぬ》きにして、アメリカはハワイまで下げて、インドを封印する。そうすれば、中国の覇権《はけん》時代がやってくる。

これが基本戦略。まあ、こういうことだと思うんだなあ。

だから、こうしたアジアの国々に対して、黒田《くろだ》さんにも頑張《がんば》ってもらわなきゃいけないけど、安倍《あべ》さんも、まあ、続くかぎり、多少……。もう借金まみれではあるが……。

まあ、先の大東亜《だいとうあ》共栄圏《けん》で失敗したけれども、やらなきゃいけなかった部分では、やっぱり、ちょっと協力したほうがいいんじゃないかなあ。

綾織　ありがとうございます。そのあたりはしっかり啓蒙《けいもう》し、また、政治のほうでも頑張ってまいります。

大川裕太　取り組んでまいります。

選挙で勝つには「百万両の智慧《ちえ》」を絞《しぼ》り出せ

中曽根康弘　ただ、国際政治や外交だけでは、選挙に勝てないからね。これは知っといたほうがいいよ。

何とかして、君たちの信念を曲げない範囲《はんい》内で、みんなが「それは分かりやすくていいね」「ああ、そういうのはいいね」って言うものを、なんかつくり出さないと勝てないから。その智慧《ちえ》は百万両だよ、君。

大川裕太　はい。

中曽根康弘　智慧一個百万両なんで、これをいくら絞《しぼ》り出すかが大事だ。

大川裕太　はい。努力してまいります。

中曽根康弘　君なんか、政党から逃《に》げ出して……。

加藤　（苦笑）

中曽根康弘　大学に逃げ込んで、何を教えてるんだか知らないけどさあ、役に立つのかなあ。

加藤　よくご存じで（苦笑）。

中曽根康弘　ええ？　分かってるよ、そんなの。

加藤　逃げ出したわけではございません。

中曽根康弘　いや、逃げ出したんだよ。

加藤　連携《れんけい》して……。

中曽根康弘　そんなことはないよ！　ちゃんと、逃げ出したのを聞いてるんだよ。ちゃんと、もう、ここに来る前に、事前情報が私のほうにだって来るんだからね、いちおう。

綾織　すごいですね（笑）。

中曽根康弘　面談者の情報っていうのは、いちおう上がってきてる。それを見ると、ちゃんと、「政党から逃げ出して、無事に逃げ切った」と書いてあるわな。

加藤　宗教と政治と学問と、もう、すべて……。

綾織　力を合わせて頑張ってまいります。

中曽根康弘　うーん。

加藤　力を合わせて頑張ってまいりますので……。

中曽根康弘　うん。

加藤　ありがとうございます。

幸福の科学が教えを広げることで、神道《しんとう》系も仏教系も立ち直る

綾織　本日は、令和日本への指針……。

中曽根康弘　チッ（舌打ち）。まあ、いいや。

綾織　また、世界への指針を頂きまして、本当にありがとうございました。

中曽根康弘　うん。これから霊力《れいりょく》を増してくるとは思うんで、協力はするが。

綾織　ありがとうございます。

大川裕太　ご指導をお願いいたします。

中曽根康弘　皇室の敵みたいな、あんまり切れすぎるような言論は出しすぎるべきではなくて、「幸福の科学がちゃんと教えを広げることで、神道《しんとう》系もちゃんと立ち直るし、仏教系も立ち直るし、キリスト教系やイスラム教等とも仲良くできるような世界ができる」ということを、上手に広げていくことが大事だっていうことだな。

大川裕太　はい。

綾織　ありがとうございます。今後とも、ご指導をよろしくお願いいたします。

大川裕太　頑張ります。

お寺などの宗教施設《しせつ》の救済法を提案してみよ

中曽根康弘　これから、潰《つぶ》れていくお寺とか神社がいっぱい出てくるから、これの救済法とかを提案したらいいんでないか。

綾織　ああ、なるほど。はい。

中曽根康弘　お寺救済法。

大川裕太　なるほど、そのようなアイデアが……。

中曽根康弘　コンビニだって潰れるけど、お寺潰れるよ。お寺とかその他の宗教施設《しせつ》、これには、一部、公共性があるというか、公益性のあるものがある。お墓《はか》もあったりね。「法要をしてもらいたい」っていう人はいっぱいいるからさ。

綾織　はい。

中曽根康弘　そういうものに対して、多少、救済法を考えれば……。

綾織　なるほど、なるほど。はい。

中曽根康弘　その信者たちの票が入ってくるからなあ。それ、ほかのところは考えついてないはずだから。ぜひ、それは考えておけよ。ね？

大川裕太　はい。考えます。

中曽根康弘　与党《よとう》になるまでは責任はないから、そんなには。言うのはタダだからさ。うん。考えとけよ。な？

大川裕太　はい、考えます。

綾織　本日は、まことにありがとうございました。

大川裕太　ありがとうございました。

加藤　ありがとうございました。

中曽根康弘　はい、はい。じゃあ、ありがとう。

12　収録を終えて

大川隆法　（二回手を叩《たた》く）長谷川慶太郎《はせがわけいたろう》さんに続いてご機嫌《きげん》でしたので、亡《な》くなられて一日でこんなにご機嫌なのは、大往生《だいおうじょう》をされたということでしょうか。

綾織　そうですね。

大川隆法　これは、あちらの世界でも勲一等《くんいっとう》が出るのかな？

綾織　はい。はい。

大川隆法　たぶん、〝直行便《ちょっこうびん》〟でしょうか。

綾織　肉体的な影響《えいきょう》が感じられなかったですね。

大川隆法　ないですね。ほぼないです。渡部昇一《わたなべしょういち》先生も、「長寿《ちょうじゅ》の方は、晩年にそれほど苦しみも少なく還《かえ》れるのではないか」というようなことを言われていましたけれども、そういうところがあるのかもしれませんね。

綾織　うーん。

大川隆法　「やり尽《つ》くした」というか、「完全燃焼《ねんしょう》した」という気持ちが残るのでしょうか。これは〝直行便〟が出るような雰囲気《ふんいき》ではありますね。

綾織　はい。

大川隆法　まあ、神様の資格は持っているのかもしれません。日本的な、神様の資格はお持ちなのかもしれませんね。

それでは、今日はありがとうございました（二回手を叩く）。

質問者一同　ありがとうございました。

あとがき

大統領型の昭和の大宰相は、その後の平成、令和と生きて来られた。同じく大統領型の政治家を目指しているであろう安倍総理をどう見ておられるだろう。

おそらくは、ややビジネスマン型の首相と見ておられることだろう。思想や哲学がやや不足しており、その部分を、大川隆法が補完して、今の令和日本が「持っている」とお考えだろう。

何とかして、明るい未来を拓《ひら》きたい。繁栄の時代を創り続けていきたい。しかし、困難な問題がたくさん待ち構えている。一つ一つ答えを出していくのが私の使命だろう。
既に、学生時代に会った中曽根さんの年齢を越えた。もう一段の成長を目指したい。それが、「昭和」「平成」「令和」の三つの時代を生き抜く「時代精神」としての使命だろう。

二〇一九年　十二月六日

幸福《こうふく》の科学《かがく》グループ創始者兼総裁《そうししゃけんそうさい》
幸福実現党創立者兼総裁《こうふくじつげんとうそうりつしゃけんそうさい》　大川隆法《おおかわりゅうほう》

『中曽根康弘の霊言』関連書籍

『新・日本国憲法 試案』（大川隆法 著　幸福の科学出版刊）
『長谷川慶太郎の霊言』（同右）
『中曽根康弘元総理・最後のご奉公』（大川隆法 著　幸福実現党刊）

中曽根康弘《なかそねやすひろ》の霊言《れいげん》

――哲人政治家からのメッセージ――

2019年12月13日　初版第1刷

著　者　大《おお》 川《かわ》 隆《りゅう》 法《ほう》

発行所　幸福の科学出版株式会社

〒107-0052 東京都港区赤坂2丁目10番8号
TEL(03)5573-7700
https://www.irhpress.co.jp/

印刷・製本　株式会社 堀内印刷所

落丁・乱丁本はおとりかえいたします

ISBN978-4-8233-0141-4 C0030
p.35 写真提供：共同通信社

大川隆法 霊言シリーズ・日本の歴代首相の本心

中曽根康弘元総理・最後のご奉公

日本かくあるべし

「自主憲法制定」を党是としながら、選挙が近づくと弱腰になる自民党。「自民党最高顧問」の目に映る、安倍政権の限界と、日本のあるべき姿とは。【幸福実現党刊】

1,400円

政治家が、いま、考え、なすべきこととは何か。元・総理　竹下登の霊言

消費増税、選挙制度、マスコミの現状……。「ウソを言わない政治家」だった竹下登・元総理が、現代政治の問題点を本音で語る。【幸福実現党刊】

1,400円

宮澤喜一 元総理の霊言

戦後レジームからの脱却は可能か

日本の長期低迷を招いた「バブル潰し」。自虐史観を加速させた「宮澤談話」──。宮澤喜一元総理が、その真相と自らの胸中を語る。【幸福実現党刊】

1,400円

日本をもう一度ブッ壊す 小泉純一郎元総理 守護霊メッセージ

「ワンフレーズ・ポリティクス」「劇場型」の小泉政治と、「アベノミクス」「安倍外交」を比較するとき、現代の日本政治の問題点が浮き彫りになる。【幸福実現党刊】

1,400円

※表示価格は本体価格（税別）です。

大川隆法 霊言シリーズ・日本の歴代首相の本心

天才の復活
田中角栄の霊言

田中角栄ブームが起きるなか、ついに本人が霊言で登場！ 景気回復や社会保障問題など、日本を立て直す「21世紀版 日本列島改造論」を語る。【HS政経塾刊】

1,400円

三木武夫元総理の霊言

戦後政治は、どこから歯車が狂ったのか

赤字国債、政治資金規正法、国防軽視、マスコミ権力の台頭……。今日まで続く政治課題の発端となった「三木クリーン政治」の功罪を検証する。【幸福実現党刊】

1,400円

自民党諸君に告ぐ
福田赳夫の霊言

経済の「天才」と言われた福田赳夫元総理が、アベノミクスや国防対策の誤りを叱り飛ばす。田中角栄のライバルが語る〝日本再生の秘策〟とは!?【HS政経塾刊】

1,400円

大平正芳の大復活

クリスチャン総理の緊急メッセージ

ポピュリズム化した安倍政権と自民党を一喝！ 時代のターニング・ポイントにある現代日本へ、戦後の大物政治家が天上界から珠玉のメッセージ。【幸福実現党刊】

1,400円

カミソリ後藤田、日本の危機管理を叱る

後藤田正晴の霊言

韓国に挑発され、中国に脅され、世界からは見下される――。民主党政権の弱腰外交を、危機管理のエキスパートが一喝する。【幸福実現党刊】

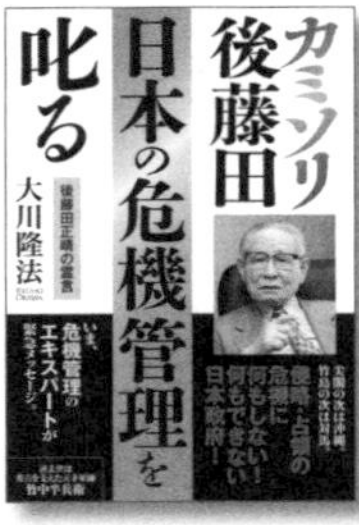

1,400 円

誰もが知りたい 菅義偉官房長官の本音

名参謀のスピリチュアル・トーク

安倍政権の陰のキーパーソン・菅義偉官房長官の守護霊が、消費増税や歴史認識、憲法改正などの本音を語る。衝撃の過去世も明らかに！【幸福実現党刊】

1,400 円

岸田文雄外務大臣 守護霊インタビュー 外交 そして この国の政治の未来

もし、岸田氏が総理大臣になったら、日本はどうなる？ 外交、国防、憲法改正、経済政策など、次の宰相としての適性を多角的に検証。【幸福実現党刊】

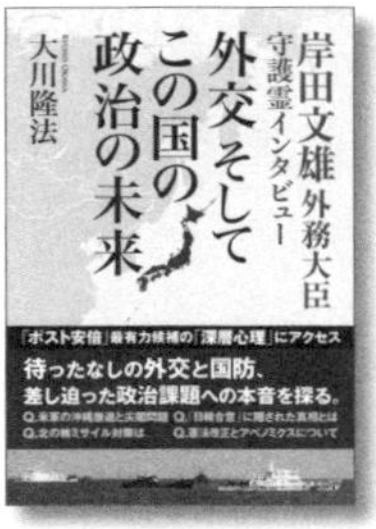

1,400 円

二階俊博自民党幹事長の守護霊霊言

〝親中派〟幹事長が誕生した理由

自民党のNo.2は、国の未来よりも安倍政権の「延命」のほうが大事なのか？ ウナギやナマズのようにつかまえどころのない幹事長の本音に迫る。【幸福実現党刊】

1,400 円

※表示価格は本体価格（税別）です。

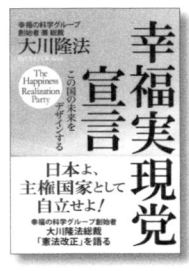

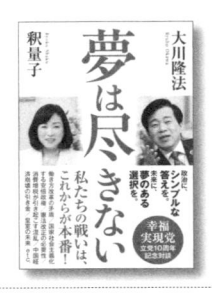

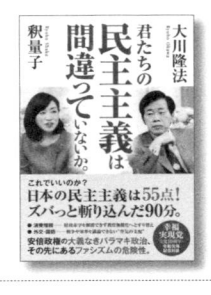

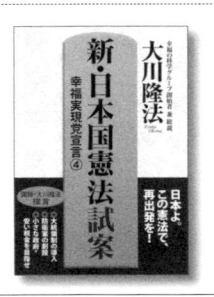

大川隆法シリーズ・最新刊

国民的作家 吉川英治の霊言

「人間の徳」「時代の正義」とは何なのか──。『宮本武蔵』や『三国志』を書いた、大正・昭和期を代表する作家・吉川英治が語る、「真の英雄」論。

1,400円

富の創造法

激動時代を勝ち抜く 経営の王道

豪華装丁 函入り

低成長期が30年近く続き、増税による消費不況が予想される今、企業は「正攻法」に立ち返るべきだ。日本を再度、勝ち組に戻すために編まれた経営書。

10,000円

いま求められる世界正義

The Reason We Are Here 私たちがここにいる理由

英語説法 英日対訳

カナダ・トロントで2019年10月6日（現地時間）に行われた英語講演を収録。香港デモや中国民主化、地球温暖化、LGBT等、日本と世界の進むべき方向を示す。

1,500円

生霊論

運命向上の智慧と秘術

人生に、直接的・間接的に影響を与える生霊──。「さまざまな生霊現象」「影響を受けない対策」「自分がならないための心構え」が分かる必読の一書。

1,600円

※表示価格は本体価格（税別）です。

大川隆法「法シリーズ」

鋼鉄の法

法シリーズ第26作

人生をしなやかに、力強く生きる

自分を鍛え抜き、迷いなき心で、闇を打ち破れ──。
人生の苦難から日本と世界が直面する難題まで、さまざまな試練を乗り越えるための方法が語られる。

2,000円

第１章　繁栄を招くための考え方
──マインドセット編

第２章　原因と結果の法則
──相応の努力なくして成功なし

第３章　高貴なる義務を果たすために
──価値を生んで他に貢献する「人」と「国」のつくり方

第４章　人生に自信を持て
──「心の王国」を築き、「世界の未来デザイン」を伝えよ

第５章　救世主の願い
──「世のために生き抜く」人生に目覚めるには

第６章　奇跡を起こす力
──透明な心、愛の実践、祈りで未来を拓け

幸福の科学の中心的な教え──「法シリーズ」

全国書店にて好評発売中！

幸福の科学出版

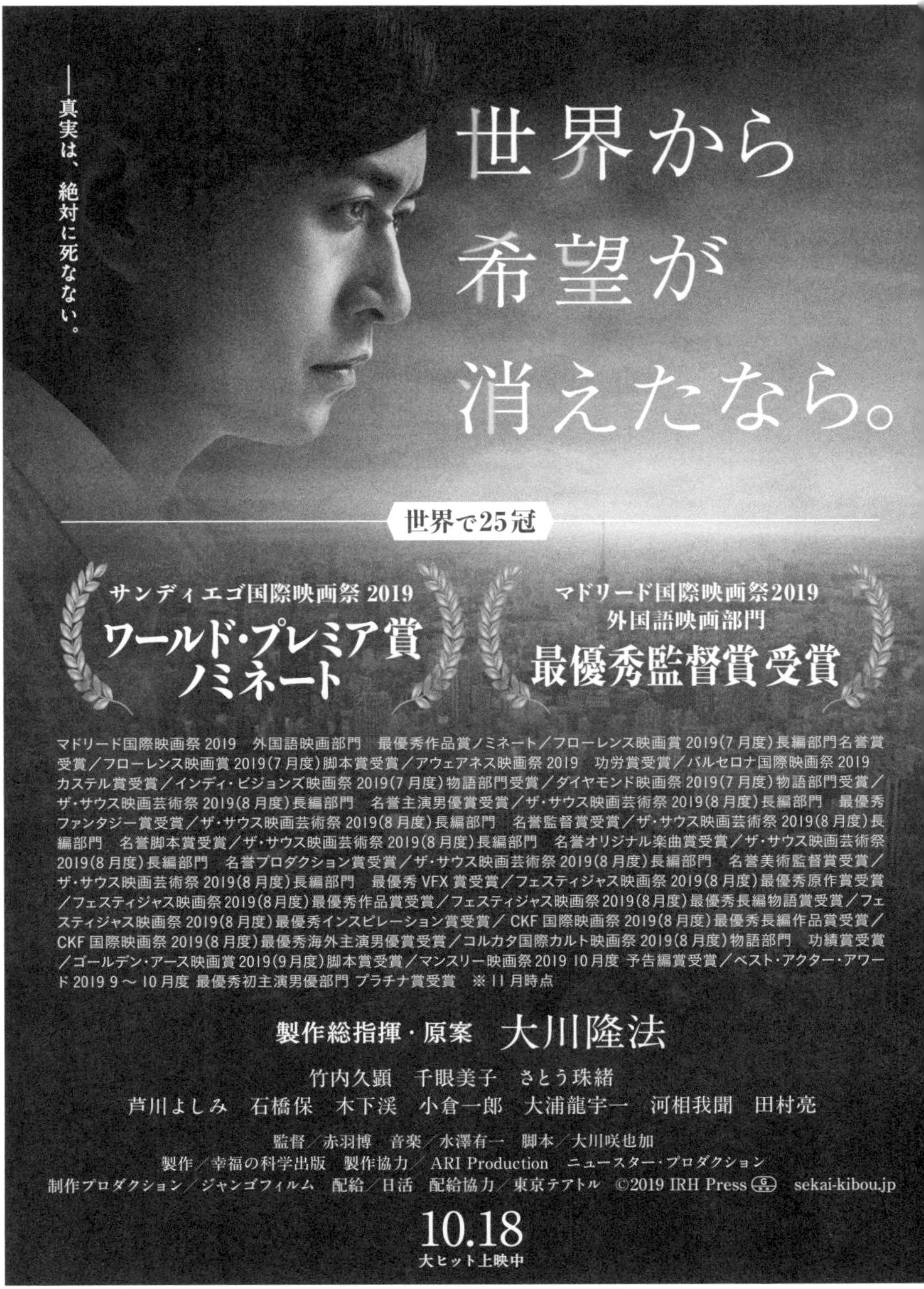
――真実は、絶対に死なない。
世界から希望が消えたなら。
世界で25冠
サンディエゴ国際映画祭 2019
ワールド・プレミア賞ノミネート
マドリード国際映画祭2019
外国語映画部門
最優秀監督賞受賞
マドリード国際映画祭 2019　外国語映画部門　最優秀作品賞ノミネート／フローレンス映画賞 2019(7 月度)長編部門名誉賞受賞／フローレンス映画賞 2019(7 月度)脚本賞受賞／アウェアネス映画祭 2019　功労賞受賞／バルセロナ国際映画祭 2019　カステル賞受賞／インディ・ビジョンズ映画祭 2019(7 月度)物語部門受賞／ダイヤモンド映画祭 2019(7 月度)物語部門受賞／ザ・サウス映画芸術祭 2019(8 月度)長編部門　名誉主演男優賞受賞／ザ・サウス映画芸術祭 2019(8 月度)長編部門　最優秀ファンタジー賞受賞／ザ・サウス映画芸術祭 2019(8 月度)長編部門　名誉監督賞受賞／ザ・サウス映画芸術祭 2019(8 月度)長編部門　名誉脚本賞受賞／ザ・サウス映画芸術祭 2019(8 月度)長編部門　名誉オリジナル楽曲賞受賞／ザ・サウス映画芸術祭 2019(8 月度)長編部門　名誉プロダクション賞受賞／ザ・サウス映画芸術祭 2019(8 月度)長編部門　名誉美術監督賞受賞／ザ・サウス映画芸術祭 2019(8 月度)長編部門　最優秀 VFX 賞受賞／フェスティジャス映画祭 2019(8 月度)最優秀原作賞受賞／フェスティジャス映画祭 2019(8月度)最優秀作品賞受賞／フェスティジャス映画祭 2019(8月度)最優秀長編物語賞受賞／フェスティジャス映画祭 2019(8 月度)最優秀インスピレーション賞受賞／ CKF 国際映画祭 2019(8 月度)最優秀長編作品賞受賞／CKF 国際映画祭 2019(8 月度)最優秀海外主演男優賞受賞／コルカタ国際カルト映画祭 2019(8 月度)物語部門　功績賞受賞／ゴールデン・アース映画賞 2019(9月度)脚本賞受賞／マンスリー映画祭 2019 10月度 予告編賞受賞／ベスト・アクター・アワード 2019 9 ～ 10 月度 最優秀初主演男優部門 プラチナ賞受賞　※ 11 月時点
製作総指揮・原案　大川隆法
竹内久顕　千眼美子　さとう珠緒
芦川よしみ　石橋保　木下渓　小倉一郎　大浦龍宇一　河相我聞　田村亮
監督／赤羽博　音楽／水澤有一　脚本／大川咲也加
製作／幸福の科学出版　製作協力／ARI Production　ニュースター・プロダクション
制作プロダクション／ジャンゴフィルム　配給／日活　配給協力／東京テアトル　©2019 IRH Press　sekai-kibou.jp
10.18
大ヒット上映中

幸福の科学グループのご案内

宗教、教育、政治、出版などの活動を通じて、地球的ユートピアの実現を目指しています。

幸福の科学

一九八六年に立宗。信仰の対象は、地球系霊団の最高大霊、主エル・カンターレ。世界百カ国以上の国々に信者を持ち、全人類救済という尊い使命のもと、信者は、「愛」と「悟り」と「ユートピア建設」の教えの実践、伝道に励んでいます。

（二〇一九年十二月現在）

愛

幸福の科学の「愛」とは、与える愛です。これは、仏教の慈悲《じひ》や布施《ふせ》の精神と同じことです。信者は、仏法真理をお伝えすることを通して、多くの方に幸福な人生を送っていただくための活動に励んでいます。

悟り

「悟り」とは、自らが仏の子であることを知るということです。教学《きょうがく》や精神統一によって心を磨き、智慧《ちえ》を得て悩みを解決すると共に、天使・菩薩《ぼさつ》の境地を目指し、より多くの人を救える力を身につけていきます。

ユートピア建設

私たち人間は、地上に理想世界を建設するという尊い使命を持って生まれてきています。社会の悪を押しとどめ、善を推し進めるために、信者はさまざまな活動に積極的に参加しています。

国内外の世界で貧困や災害、心の病で苦しんでいる人々に対しては、現地メンバーや支援団体と連携して、物心両面にわたり、あらゆる手段で手を差し伸べています。

年間約２万人の自殺者を減らすため、全国各地で街頭キャンペーンを展開しています。

公式サイト **www.withyou-hs.net**

ヘレン・ケラーを理想として活動する、ハンディキャップを持つ方とボランティアの会です。視聴覚障害者、肢体不自由な方々に仏法真理を学んでいただくための、さまざまなサポートをしています。

公式サイト **www.helen-hs.net**

入会のご案内

幸福の科学では、大川隆法総裁が説く仏法真理《ぶっぽうしんり》をもとに、「どうすれば幸福になれるのか、また、他の人を幸福にできるのか」を学び、実践しています。

入会

仏法真理を学んでみたい方へ

大川隆法総裁の教えを信じ、学ぼうとする方なら、どなたでも入会できます。入会された方には、『入会版「正心法語《しょうしんほうご》」』が授与されます。

ネット入会 入会ご希望の方はネットからも入会できます。
happy-science.jp/joinus

三帰《さんき》誓願《せいがん》

信仰をさらに深めたい方へ

仏弟子としてさらに信仰を深めたい方は、仏《ぶっ》・法《ぽう》・僧《そう》の三宝《さんぽう》への帰依を誓う「三帰誓願式」を受けることができます。三帰誓願者には、『仏説・正心法語』『祈願文《きがんもん》①』『祈願文②』『エル・カンターレへの祈り』が授与されます。

幸福の科学 サービスセンター
TEL 03-5793-1727
受付時間/
火～金:10～20時
土・日祝:10～18時
(月曜を除く)

幸福の科学 公式サイト
happy-science.jp

ハッピー・サイエンス・ユニバーシティ

Happy Science University

ハッピー・サイエンス・ユニバーシティとは

ハッピー・サイエンス・ユニバーシティ（HSU）は、大川隆法総裁が設立された「現代の松下村塾」であり、「日本発の本格私学」です。
建学の精神として「幸福の探究と新文明の創造」を掲げ、チャレンジ精神にあふれ、新時代を切り拓く人材の輩出を目指します。

人間幸福学部　経営成功学部　未来産業学部

HSU長生キャンパス TEL **0475-32-7770**
〒299-4325　千葉県長生郡長生村一松丙 4427-1

未来創造学部

HSU未来創造・東京キャンパス
TEL **03-3699-7707**
〒136-0076　東京都江東区南砂2-6-5　公式サイト **happy-science.university**

学校法人 幸福の科学学園

学校法人 幸福の科学学園は、幸福の科学の教育理念のもとにつくられた教育機関です。人間にとって最も大切な宗教教育の導入を通じて精神性を高めながら、ユートピア建設に貢献する人材輩出を目指しています。

幸福の科学学園

中学校・高等学校（那須本校）
2010年4月開校・栃木県那須郡（男女共学・全寮制）
TEL **0287-75-7777** 公式サイト **happy-science.ac.jp**

関西中学校・高等学校（関西校）
2013年4月開校・滋賀県大津市（男女共学・寮及び通学）
TEL **077-573-7774** 公式サイト **kansai.happy-science.ac.jp**

仏法真理塾「サクセスNo.1」

全国に本校・拠点・支部校を展開する、幸福の科学による信仰教育の機関です。小学生・中学生・高校生を対象に、信仰教育・徳育にウエイトを置きつつ、将来、社会人として活躍するための学力養成にも力を注いでいます。

TEL 03-5750-0751（東京本校）

エンゼルプランV　TEL 03-5750-0757

幼少時からの心の教育を大切にして、信仰をベースにした幼児教育を行っています。

不登校児支援スクール「ネバー・マインド」　TEL 03-5750-1741

心の面からのアプローチを重視して、不登校の子供たちを支援しています。

ユー・アー・エンゼル！（あなたは天使！）運動

一般社団法人 ユー・アー・エンゼル　TEL 03-6426-7797

障害児の不安や悩みに取り組み、ご両親を励まし、勇気づける、
障害児支援のボランティア運動を展開しています。

NPO活動支援

いじめから子供を守ろうネットワーク

学校からのいじめ追放を目指し、さまざまな社会提言をしています。また、各地でのシンポジウムや学校への啓発ポスター掲示等に取り組む一般財団法人「いじめから子供を守ろうネットワーク」を支援しています。

公式サイト mamoro.org　ブログ blog.mamoro.org

相談窓口 TEL.03-5544-8989

百歳まで生きる会

「百歳まで生きる会」は、生涯現役人生を掲げ、友達づくり、生きがいづくりをめざしている幸福の科学のシニア信者の集まりです。

シニア・プラン21

生涯反省で人生を再生・新生し、希望に満ちた生涯現役人生を生きる仏法真理道場です。定期的に開催される研修には、年齢を問わず、多くの方が参加しています。全世界213カ所（国内198カ所、海外15カ所）で開校中。

【東京校】TEL 03-6384-0778　FAX 03-6384-0779
メール senior-plan@kofuku-no-kagaku.or.jp

幸福実現党

内憂外患《ないゆうがいかん》の国難に立ち向かうべく、2009年5月に幸福実現党を立党しました。創立者である大川隆法党総裁の精神的指導のもと、宗教だけでは解決できない問題に取り組み、幸福を具体化するための力になっています。

党の機関紙
「幸福実現NEWS」

幸福実現党 釈量子サイト **shaku-ryoko.net**
Twitter **釈量子@shakuryokoで検索**

幸福実現党　党員募集中

あなたも幸福を実現する政治に参画しませんか。

○幸福実現党の理念と綱領、政策に賛同する18歳以上の方なら、どなたでも参加いただけます。
○党費：正党員（年額5千円［学生 年額2千円］）、特別党員（年額10万円以上）、家族党員（年額2千円）
○党員資格は党費を入金された日から1年間です。
○正党員、特別党員の皆様には機関紙「幸福実現NEWS（党員版）」（不定期発行）が送付されます。

＊申込書は、下記、幸福実現党公式サイトでダウンロードできます。
住所：〒107-0052　東京都港区赤坂2-10-8 6階 幸福実現党本部
TEL **03-6441-0754**　FAX **03-6441-0764**
公式サイト **hr-party.jp**

出版　メディア　芸能文化　幸福の科学グループ

幸福の科学出版

大川隆法総裁の仏法真理の書を中心に、ビジネス、自己啓発、小説など、さまざまなジャンルの書籍・雑誌を出版しています。他にも、映画事業、文学・学術発展のための振興事業、テレビ・ラジオ番組の提供など、幸福の科学文化を広げる事業を行っています。

アー・ユー・ハッピー？
are-you-happy.com

ザ・リバティ
the-liberty.com

幸福の科学出版
TEL **03-5573-7700**
公式サイト **irhpress.co.jp**

THE FACT

ザ・ファクト
マスコミが報道しない
「事実」を世界に伝える
ネット・オピニオン番組

YouTubeにて
随時好評
配信中！

ザ・ファクト　検索

NEW STAR PRODUCTION

ニュースター・プロダクション

「新時代の美」を創造する芸能プロダクションです。多くの方々に良き感化を与えられるような魅力あふれるタレントを世に送り出すべく、日々、活動しています。 公式サイト **newstarpro.co.jp**

ARI Production

ARI《アリ》 Production《プロダクション》

タレント一人ひとりの個性や魅力を引き出し、「新時代を創造するエンターテインメント」をコンセプトに、世の中に精神的価値のある作品を提供していく芸能プロダクションです。 公式サイト **aripro.co.jp**

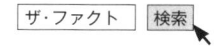

大川隆法　講演会のご案内

大川隆法総裁の講演会が全国各地で開催されています。講演のなかでは、毎回、「世界教師」としての立場から、幸福な人生を生きるための心の教えをはじめ、世界各地で起きている宗教対立、紛争、国際政治や経済といった時事問題に対する指針など、日本と世界がさらなる繁栄の未来を実現するための道筋が示されています。

講演会には、どなたでもご参加いただけます。
最新の講演会の開催情報はこちらへ。⟹　大川隆法総裁公式サイト
https://ryuho-okawa.org